好·奇

提供一种眼界

回忆苏珊·桑塔格

Sempre Susan
Sigrid Nunez

A MEMOIR
OF
Susan Sontag

[美]西格丽德·努涅斯 著 / 姚君伟 译

北京联合出版公司

著者 西格丽德·努涅斯
Sigrid Nunez

美国当代作家,生于 1951 年,曾先后获普士卡奖、怀丁作家奖,第七部长篇小说《我的朋友阿波罗》获 2018 年美国国家图书奖最佳小说奖。

1976 年,25 岁的努涅斯作为桑塔格的助手走进了桑塔格的家,随后又成为桑塔格儿子戴维的女友,也从此开启了一段"三个人"的亲密生活。

2008 年,57 岁的努涅斯动笔写作《回忆苏珊·桑塔格》,并于桑塔格去世六年后出版,极度真实地刻画了桑塔格独有的个性与魅力。

译者 姚君伟

上海外国语大学博士,南京师范大学教授、博导,从事英美文学研究和文学翻译实践,独立译有《恩主》《火山情人》《回忆苏珊·桑塔格》等桑塔格著作和传记十种。

中文版序

关于苏珊·桑塔格,我最早知道的一件事,就是她一直迷恋中国。这一迷恋理由很充分。首先,她父母都与中国交往深厚。桑塔格的父亲杰克·罗森布拉特1921年第一次出差去中国时才16岁,是他在曼哈顿任职的毛皮公司派他去的。后来,杰克成立了自己的公司——功成毛皮公司;他和桑塔格的母亲米尔德里德1930年结婚;两人去过几次天津,后在那里生活了几段时间;而杰克公司的总部就在天津。据说,杰克的生意很成功,在天津的外国商人能维持一种优渥的生活方式,他们的生活也是衣食无忧。米尔德里德日后总是很开心地回忆起,雇得起一帮家仆的感觉有多爽,这是她在美国享受不起的一种奢侈。

但是,这对年轻夫妇的幸福生活未能天长地久。杰克十几岁时得过肺结核,1938年,他还在中国经商时,一次严重的发作结束了他的生命,享年32岁;当时,他是两个小女孩的父亲,5岁大的苏珊和她2岁大的妹妹朱迪丝。

一种"未结束的痛苦""久远的消失""我这一辈子心里对死亡一直在思考的源头",多年后,桑塔格会在日记里用这些方式描述她幼年失怙的重创所带来的影响。

她母亲总是避而不谈不愉快的事情,对她丈夫之死的细节一直都闪烁其词。考虑到这一点,就不难理解她女儿是如何老是对中国,或者确切地说是对她想象中的中国魂牵梦萦了。苏珊还是个孩子的时候,就对她的同学谎称自己出生在中国,她总会对人说,她母亲很可能就是在中国怀上她的。我们发现,在她1972年的一则日记里,她回忆说:"为伯肯小姐四年级的课写的论中国的'书',是我当时写过的第一篇长东西。"

至于桑塔格的母亲,她一辈子都在对中国念念不忘的回忆中度过。两个女儿在满是中国家具、物品和装饰品的家里长大成人，她们也经常被米尔德里德数落，说她们不像她当年看到的中国孩子那样规规矩矩。尽管米尔德里德经常回忆她在天津时的岁月，但她极少与女儿们谈她们的父亲。桑塔格不仅不了解自己的父亲，而且除了一些基本事实以外，她对他一无所知，这一直令她痛苦不堪。苏珊13岁时，米尔德里德改嫁，尽管她的新丈夫内森·桑塔格并没有通过法律程序收养苏珊和朱迪丝，但两个女孩都同意接受他的姓。

我第一次知道苏珊·桑塔格与中国的情感联系是看了一篇自传体短篇小说《中国旅行计划》，小说1973年4月发表于《大西洋月刊》（后收入她1978年出版的短篇小说集《我，及其他》）。中国政府邀请她作为西方作家和知识分子代表团成员到访中国为期三周，《中国旅行计划》以她接到邀请后做的札记开头。这次出访定在1973年初，桑塔格十分期待，浮想联翩。她想象这趟旅行会激发她写一本关于中国的书。不过，她认为这本书也会涉及很多其他内容。事实上，她在日记里说，它包罗"万象"，"我的整个人生"。而这本雄心勃勃的书的核心会是杰克·罗森布拉特,她正是打算把这本书献给他。

我第一次读到《中国旅行计划》时,对这篇短篇小说赞叹不已;那是在我认识苏珊的大约三年前。此后我经常读它,把它列入我讲授的写作和文学课程的阅读书单,并一直认为这是她写得最好的短篇小说之一。尽管她坚持认为它应该被当作一篇虚构作品来读,但称之为回忆录更为精准,虽然是以极具原创性、独出心裁的方式写就。桑塔格没有运用传统的现实主义叙事手法来写《中国旅行计划》,而是采用了拼贴手法;其中,在思考她脑子里一直存在的关于中国的某些想法和想象的同时,凭借能收集到的有关他的所有情况的碎片,还有他的缺席给她造成的永远的苦痛,她试图建构一个父亲的形象。大约15年后,我也想写一个谜样的父亲:他有一半中国血统,早年曾在中国生活过一段时间,而对他的过去我却几乎一无所知。这时候,我从桑塔格的小说中获得了灵感。

第一次碰巧在《大西洋月刊》读到《中国旅行计划》的那个四月,我正处于大学毕业与读研之间,在《纽约书评》当助理编辑。桑塔格是《书评》的常驻作者，此前，我在我们位于曼哈顿中城的办公室见过她，不过只是擦肩而过。大约就是在那个时段，她开始写作那些精彩的系列文章，先在《书评》上发表，后合成她那本获奖著作《论摄影》。

1977年《论摄影》出版时，桑塔格的人生发生了巨变。两年前，42岁的她被诊断出转移性乳腺癌，为此她做了根治性手术和一段残酷的化疗。她在手术恢复期间，雇了我几天，去帮她打字，回复信件。我们在曼哈顿上西区她公寓的卧室里一起工作，她在床上，我坐在她的书桌前把她口授的信打出来。我也就是在这个时期第一次遇见了她儿子、后来当了记者的戴维·里夫；那些日子，戴维部分时间住在他母亲的公寓里，部分时间住在他就读的普林斯顿大学的一个房间里。那是1976年的春天。我和戴维开始约会，当年夏天，我们成了一对情侣。我搬进了公寓，接下来一年左右的时间，我们仨同在一个屋檐下生活。在《回忆苏珊·桑塔格》里，我写的主要就是这一时段的事情。

桑塔格扛过了她的第一次癌症，她同样扛过了第二次；第二次是在她患乳腺癌23年后的子宫肉瘤。然而，2004年春，她被诊断出了一种新的癌症，叫急性髓系白血病，并于同年快到72岁生日时去世。

关于苏珊·桑塔格，我最早写的东西是一篇发在文学季刊《集粹》2006年秋季号上的随笔短文。之前出现的各种悼念文章和讣告，其中均有大量断论，说桑塔格无论是在写作中，还是作为一个人，都毫无幽默感。我写这篇文章的主要目的之一就是要对此进行反驳。诚然，我所知道的桑塔格极为尊崇智性和艺术的严肃性，但她也是个喜欢说笑的女人，她和其他人一样，也喜欢好玩的笑话，喜欢开怀大笑。我给这篇文章起的标题为《桑塔格大笑》。

大约一年后，有位名叫伊丽莎白·本尼迪克特的作家邀请我为她在编的一部文集写稿；这本文集收入的文章都是一些作家谈论某个对他们和他们的创作产生过重要影响的人。为这本出版于2009年，标题为《导师、缪斯和恶魔：30位作家谈影响他们一生的人》的文集，我写了第二篇关于桑塔格的文章《桑塔格的规则》。这篇文章也在《锡屋》杂志某期上发表过，引起了时任阿特拉斯出版公司老总詹姆斯·阿特拉斯的注意。阿特拉斯写信给我，问我能否考虑将我写的文章扩充成一本书。因为写桑塔格的过程我感到很享受，回顾自己初为作家的情形时激发起的那些生动记忆也令我很愉悦，而且因为我还有更多的话要说，我相信读者也会感兴趣，我便愉快地接受了阿特拉斯的稿约。我修订了《桑塔格大笑》《桑塔格的规则》中的材料，增加了一百页左右的篇幅。2011年，阿特拉斯出版公司推出了这本《回忆苏珊·桑塔格》。

唉，苏珊终究未能写出那本她曾满怀着激情梦想写作的关于中国的巨著。还有，让她感到终生遗憾的是，1973年到访中国后，她再也没有去过那里。但是，她对中国的迷恋——那个真实的中国，而非她童年时代幻想的中国——和她对中国文化和社会的好奇一直保持下来了。她继续关注中国，关注亚洲其他国家，尤其开始迷恋起日本来。

桑塔格当然乐于看到这些年来她这么多的著作被翻译成中文出版，为她赢得了一个越来越大、越来越热情的中国读者群。同样，我也很高兴地看到受她的教导和友情激发起的这本书也有了中译本。这本书能否达到桑塔格自己为文学作品严格设定的高标准，不能由我来说，但我至少希望，它可能对保持人们对她价值无法估量的作品的兴趣起到一些作用。苏珊·桑塔格是她那一代最具影响力的文化人物之一，一个偶像级的、享有国际声誉的作家和思想家，她是非凡的，以至于在她去世已 18 年的今天，仍然无人能取代她的重要地位。从一开始，我就知道，她将会对我本人成为这样的作家产生巨大的影响。随着时间的流逝，我只是越来越有充分的理由感觉到，遇见她是我一生中最幸运的事情之一。

Sigrid Nunez

于美国纽约

那是我生平第一次去一个作家聚居地,因为某个我现在已记不起来的原因,当时我不得不延期,比该到的日期晚了。我当时一直在担心因为迟到而要看人脸色。不过,苏珊坚持认为这并不是件坏事。"什么事情以打破规则开始总是好的。"对她而言,迟到就是规则。"我只有赶飞机或去听歌剧才担心迟到。"当人们抱怨总得等她时,她毫无歉意。"我认为,如果人们不够聪明,不带着什么读物……"(可当某些人了解了情况,而她最终得等他们时,她就不高兴了。)

我自身过分苛刻的守时令她不安。有一天,和她一起到外面吃午饭,意识到回去上班要迟到了,我一下子从餐桌旁站起,她嘲笑说:"坐下!你没必要准点到。别那么奴性。"奴性是她喜欢用的词之一。

例外论。我们仨——苏珊、她儿子、我——同住在一个屋檐下,这真是个好主意吗?戴维和我不该有我们自己的居所?她说她看不出有任何理由我们不能住在一起,即便戴维和我将来有了孩子。她说,如果有必要,她会很高兴供养我们全家人。当我表达了疑虑,她说:"别那么循规蹈矩。谁说我们就得像别人一样生活?"

(有一次,在圣马克街,她指着两个长相怪异的女人,一个中年,另一个年纪大些,两个人都穿得像吉卜赛人,留着飘逸、灰白的长发。"老波希米亚人。"她说。然后,她又打趣地加了一句:"30年后的我们。"

现在,30多年过去了,她去世了,不再有波希米亚人了。)

我们见面时她43岁,但在我看来她似乎很老。这部分是因为我当时25岁,在这个年纪,任何40岁以上的人对我来说似乎都老了。还因为当时她正处在根治性乳房切除术后的恢复阶段。（打破规则：当医生因其拒绝做建议的康复训练而责备她时，一个富有同情心的护士在她耳边轻声说："'开心的洛克菲勒'[1]也不会做这些训练的。"）她的气色不好，她的头发——我总困惑怎么那么多人以为她那一绺白发是漂白的，显而易见，那是她头发中唯一颜色真实的部分。（一名理发师建议留一点点不染色，这样看上去会不那么假。）她的一头黑发本来格外浓密，化疗后稀了好多，但没有掉光，不过，后来长出来的头发几乎都是白的或灰白的。

因此，有件怪事：我们第一次见面时，她看上去比我接触她以后感觉的要老。她康复后，却看上去越来越年轻，到她决定染发时，她看上去更年轻了。

1976年春，差不多是我在哥伦比亚大学读完艺术硕士后的一年，我当时住在西106街。苏珊住在106街与河滨大道交界处，她有一堆信未回复，都是她生病期间积下来的，现在想处理。她请一些朋友——《纽约

---

[1] 即玛格丽特·哈皮·洛克菲勒（Margaretta Large "Happy" Rockfeller，1926—2015），"开心的洛克菲勒"是她的昵称。她是一名慈善家，也是美国第41任副总统纳尔逊·洛克菲勒的第二任妻子。她于1974年确诊乳腺癌，并经历了两次乳房切除术。——编者注

《书评》的编辑——推荐一个能帮她的人。读本科和研究生期间,我曾在《书评》当过助理编辑。编辑们知道我会打字,而且就住在附近,于是,他们就建议她给我打电话。这正是我当时在找的那种零工:这种活不太会妨碍我自己写作。

我第一次去河滨大道340号那天阳光明媚,公寓——一套有许多大窗户的顶层公寓——亮得令人目眩。我们在苏珊的卧室干活,我在她的书桌旁,在她那台又大又重的IBM电动打字机上打字,她口述,一边在房间里来回踱步,或躺到床上。这间房间和这套公寓里其他房间一样,布置得很朴素;墙是白的,毫无装饰。一如她后来解释的那样,因为这是她工作的地方,她希望自己周围有尽可能多的白色空间,她也尽量不在房间里放书。我不记得房间里有任何家人或朋友的照片(其实,我根本想不起那个公寓里有什么地方放过这样的照片);倒是有几张她的文学偶像的黑白照片(就像出版社广告宣传中的那种):普鲁斯特、王尔德、阿尔托(当时她刚编完他的一部文集)、瓦尔特·本雅明。公寓其他地方有很多老电影明星的照片,还有著名的黑白老电影的剧照。(这些东西,我现在想起来,以前是张贴在"纽约客电影院"大厅里的,那是一个放映老片子的场所,在88街和百老汇交界处。)

她穿一件宽松的高领衫,一条牛仔裤,一双胡志明牌人字胶拖鞋,我相信是她某次去北越时带回来的。因为癌症,她当时在戒烟(她会戒,然后没戒成,然后又戒,反反复复)。她吃下一整罐的玉米粒,一边从一个带柄的塑料水壶里大口大口地喝水把玉米吞下去。

那堆信件令人生畏,全部处理完要花好长时间,但是,令我们进展极其缓慢的原因是电话铃响个不停,每次一响,她就拿起电话,聊起天来(有几次还聊很长时间),而我则枯坐在那儿,当然,一边听着,有时也逗逗她儿子那条寻求关注的雪橇犬。大多数来电者我都知道他们的名字。我推断,很多人对其患癌的消息做出的反应,使她极为惊骇。(不过当时我还不知道,她已经产生了想法,后来写成了随笔《疾病的隐喻》。)我记得她向一个打来电话的人描述癌症是"帝王病"。我听到她对几个人说莱昂内尔·特里林和汉娜·阿伦特最近故去,让她有一种"成了孤儿"的感觉。有人说难怪特里林会得癌症，那是因为他数年不与妻子同房，她说起这个时义愤填膺。（"不过这是理论上的说法。"）她不愿承认，但还是勇敢地承认了：当被告知患上癌症时，这是她自己首先想到的原因之一："难道是我性生活不够？"

有一次，打来电话的是她儿子。戴维，比我小一岁，已经从阿默斯特学院退学，最近又重返校园，现在是普林斯顿大学二年级学生。他在普林斯顿有住的地方，但一周大部分时间他都与他妈妈住一起。他的（不久就成了我们的）卧室就在她的隔壁。

这工作令她很烦。我们才处理完几封信，她就建议我们歇手吃午饭。我跟着她，穿过几个摆满书的过道，来到公寓的另一头，一个吃饭的区域。我很喜欢那张长长的、考究的木头餐桌，还有配套的几张木椅（一张古老的法国农舍餐桌，她告诉我），一幅加了框的好利获得公司[1]的复古海报（"la rapidissima"[2]）挂在桌子后面

---

[1] Olivetti，意大利一家著名的打字机公司。——译者注（若无特别说明，本书脚注皆为译者注）

[2] 意大利语，意为"迅捷"。

的墙上。餐桌上通常堆满了书报，大多数用餐都是在厨房一张漆成深蓝色的木头长桌上解决。

我坐在长桌边的凳子上，感到局促不安，她热了一罐金宝汤牌奶油蘑菇汤。加了一罐牛奶，够我们俩吃了。她那么健谈，我真吃惊。我已经习惯了《纽约书评》那等级森严的圈子，那些编辑从来不与职员交谈。那一天，我得知公寓的前房客是她的朋友贾斯珀·约翰斯；几年前，约翰斯决定搬到别处去，苏珊就转手租了下来。不过，遗憾的是，她认为自己不能一直住下去；房主自己想留下这套公寓。苏珊想要这套公寓的理由显而易见：两室套的大户型顶层公寓，整个大楼是漂亮的战前建筑——我现在记起来，一个月大约475美元，这价格非常便宜。极其宽敞的客厅感觉比实际的还要大，因为里面空空如也（甚至有点回音）。但最让她惦记的，她说，是景色：那条河，那日落。（到屋外看，那壮观的景色会更美，不过阳台上太脏太乱：那条狗就在此解决大小便。）公寓与两间卧室相对的另一头有个小好多的房间，曾经是女佣的房间，带一个小卫生间。那段时间，戴维的一个朋友睡在里边。我搬进去后，就成了我的书房。

("你可是这房子里唯一一个拥有两个房间的人啊。"当我告诉苏珊我要离开"340号"的时候,她很受伤,用这番话来指责我。)

吃午饭时,她问了我很多问题:在《纽约书评》为罗伯特·西尔维斯和芭芭拉·爱泼斯坦这些编辑工作感觉如何,师从伊丽莎白·哈德威克的感觉如何。哈德威克曾是我在巴纳德学院的一位老师,也是《书评》编委。显然,这三位激发起苏珊最强烈的兴趣——甚至是迷恋,后来我了解到他们的友谊和认可对她而言至关重要。这三位都是1963年《书评》的创始人。苏珊认为《书评》比国内其他杂志要好很多——是将美国人的智识生活提升至尽可能高的标准的"壮举"——她为自己第一期就为其撰稿而感到骄傲。她的文章是由西尔维斯编的:"我迄今遇到的最好的编辑。"也是任何一个作家能遇到的最好的编辑,我想她也会这么说。他非常尊重作者,做事追求完美,极其认真地修改文章使其得以发表,和《书评》的其他投稿人一样,她对此充满敬畏。她说他是她遇到的最聪明、最有才华的人之一,而且很可能是最努力的,几乎总是看到他伏案工作,一周七天,包括节假日，而且通常工作整日，直到深夜。他身上那种自律、善于思考的激情、严谨都是苏珊最欣赏的优点，她对他的敬佩油然而生；通常那些最一丝不苟的作家和艺术家才能激发起她的这种敬佩之情。

她为《纽约书评》撰稿的自豪感，与她把弗雷-斯特劳斯-吉劳作为其著作的出版商而产生的自豪感不相上下。实际上，那天打得最长、聊得最亲密的那通电话，对方就是罗杰·斯特劳斯，他是弗雷-斯特劳斯-吉劳出版社的头儿，13年前出版了苏珊的第一本书，而且他还会继续出她所有的书。他俩每天至少通一次电话，这一点都不奇怪。那时候，苏珊没有文学经纪人，除了出版她的书，斯特劳斯还处理某些出版商通常不会理会的事务，比如帮她联系杂志发表她的短篇小说和文章。不过，他们的关系不只是业务联系；他们是老朋友、好朋友，视彼此为知己，而且斯特劳斯参与了苏珊非写作生活的方方面面，包括她生病的危难时刻，还有后来她找新的公寓，等等。尽管苏珊和斯特劳斯第一次见面时，戴维都已经10岁了，但斯特劳斯还是常说他"可能是我的私生子"。不久，他就接受戴维进了公司，让他成为包括苏珊本人在内的作家们的编辑。

光喝汤还不够。苏珊搜了冰箱,里面几乎是空的,不过,虽然不是玉米上市的季节,但有一塑料袋的玉米棒。我们吃了玉米后,她说:"当然,我一点也不想吃那玩意儿。我真正想要的是抽上一支烟。"我自己最近刚戒烟,不过,一旦搬进来,就又吸上了。我们仨全抽烟,几乎所有到过那个公寓的人也都抽烟。

那天我离开的时候,太阳低垂在哈得孙河上,可是我们没干完多少活。苏珊让我几天后再来。我记得我当时走回家时,心里想,她是多么随和、多么坦率呀——更像是我的同龄人而非我母亲那一代人。不过,她和年轻人在一起时总是这样,她和她儿子之间也没有所谓的代沟;她儿子没上中学时,她就把他当成年人对待,似乎想都没想本应该怎样。我现在想起这一点,都禁不住想到苏珊那时常说的话:她如何记得童年是一段极为无聊的时光,她又如何急不可耐地等着童年早日结束。我一直都搞不懂这一点(一个人的童年怎么能够——即便不太快乐——被描述成"完全是浪费时间"?),然而,她也希望戴维的童年尽快结束。(结果,他回顾自己的童年时也觉得那是一段悲惨的时期，借用苏珊描述她自己的童年时常用的说法：坐牢。）似乎她并不真正相信——或者，也许，这样说更恰当：她看不出童年有什么价值。

对戴维而言，他还是小孩子时，她就变成了"苏珊"，而他的父亲，社会学家、文化批评家菲利普·里夫，只是"菲利普"；戴维告诉过我他无法想象叫他们妈妈和爸爸。每次苏珊跟戴维说到他父亲——她还是芝加哥大学年方17的大学生时就嫁给了他，他则是一名28岁的老师，七年后她离婚——她也是说"菲利普"。戴维提到她时很少说"我母亲"，因此，说"你母亲"我会觉得别扭。永远都是苏珊。（有一次，我刚到《纽约书评》工作，罗伯特·西尔维斯说："给我接通苏珊的电话。"我伸手拿台式名片索引时问："苏珊什么？"芭芭拉·爱泼斯坦当时也在场，她听到我这样问大笑起来。"苏珊什么。"她重复我的话，摇着头，于是我明白她是在笑我。）

名字。苏珊表示她对自己有这么个乏味而普通的名字，从未有过什么兴奋的感觉。（"你看上去一点也不像叫苏珊的人哎。"她学着好多这么对她说的人的口气。）有人叫她苏，她则非常恼火，凶巴巴地纠正他们。总的说来，她不喜欢简称和昵称，不过，她常常叫戴维（她是以米开朗基罗的雕像给他起的名字）[1]迪格。

那些年，母子俩与父亲都没什么联系。但是有一次，我们仨开车去费城，苏珊应邀去演讲，戴维的父亲当时与他的第二任妻子住在那儿，苏珊从后排对戴维说："我觉得你应该带西格丽德去见见菲利普。"于是，第二天，开车回纽约前，我们先开车去了菲利普·里夫的家。苏珊说她会在车里等。我们的来访事先没打招呼，按门铃时，没人应答。但是，从前门的一扇小玻璃窗就能看进去，戴维指出里边有他父亲收集的拐杖。

其实我从未见过菲利普·里夫。但 2006 年看到他去世的消息时，我立刻想起那些拐杖，心里一阵悲痛。

那个时候我只读过一点点苏珊的作品。我上学时学的课程没有指定她的任何作品，我记得她的名字只出

---

[1] 米开朗基罗的雕像应是大卫（David），但这里按目前通行的人名译名手册，将 David 译为戴维。

现过一次。一位老师让我们注意一个事实,我们阅读书目中的《弗洛伊德》一书的编者,菲利普·里夫,曾娶了苏珊·桑塔格,他们离婚后,她写了一本书,名为《反对阐释》。他咯咯一笑说,这事在他看来总是很滑稽。

那时,西95街有家波曼德旧书店。在那儿,我找到了两本精装本小说,《恩主》《死亡匣子》,还有两部文集,《反对阐释》《激进意志的样式》,苏珊当时就出了这些书。(到那个时候为止,她还拍了三部电影。在我看来她似乎年纪很大的另一个原因想必是,我还是个黄毛丫头时,她就已经那么功成名就,那么赫赫有名了。)我在付钱买这几本书时,老板说:"哦,苏珊·桑塔格,她一天到晚到这儿来。"(很可能每次她都赶到隔壁的老塔利亚艺术剧院去看一场电影。)"不过现在她病得很重。她快要死了。"

我记得当时我没把最后这些话当真。我刚刚和她一起度过几个小时。她似乎并没有"病得很重"。她的行动也不像一个快要死的人。我知道她患过乳腺癌,但还不清楚全部情况。我不知道她的病情有多严重,也不了解她的预后有多糟糕。不久前,我父亲因患癌症去世,但不知怎么,我从未看出苏珊也受到同样的威胁。她对我而言似乎年纪大了,但她比我父亲死的时候年轻20岁呢。30年后,她真的去世时,虽然我对这个消息并不意外(我知道她已经病得很重了),却非常震惊。一个朋友说:"她到哪儿都生龙活虎,可她居然就这样被击倒了,太令人惊愕了。"我最早就是从这个朋友那里听到她去世的噩耗。我记得"被击倒"这个词用得正合我意;我认为苏珊自己也会喜欢这一说法的。我无法想象有多少其他作家的逝去也会掀起如此波澜。(不过,我脑海里立马浮现出那位虚构的著名作家[1],据说他在威尼斯去世的消息——尽管他已高龄——震惊了全世界。)尽管她快72岁了——尽管她一直在遭受几乎必然是不治之症的白血病的折磨——但是,似乎她的生命还是残酷地戛然而止,似乎她正值壮年就被击倒了。被击倒。

我会发现有许多人也和我一样觉得震惊,尽管苏珊已到这个年龄,尽管她的病致命,但还是有一些人坚

---

[1] 指托马斯·曼的小说《死于威尼斯》中的人物,德国慕尼黑的作家古斯塔夫·冯·奥森巴哈。

信她会战胜这次的癌症,就像她早年战胜了乳腺癌和子宫癌一样。在今天的我看来,成为这样的一个人,给旁人留下太强大、太坚韧、太生龙活虎、不可能死的印象,这反映了苏珊身上精彩绝伦的层面。这就使得她自身极端的行为——正如戴维在她死后所描述的那样,她坚持认为自己是个例外,拒不接受自己的病是无望的,拒不接受死亡不仅不可避免,不仅离我们很近,而且随时随地都会发生——似乎,哪怕仍然是妄想,也变得好理解一点了。

我一本接一本,很快地读完了她的四本书。当时心里就想(结果表明,有先见之明)不久她就会问我读过哪些,正确的回答是全部。而且,和她作品的众多读者一样,我发现她的随笔迷人,小说难读。

那段时间,我着迷于弗吉尼亚·伍尔夫。我敬畏哈德威克教授,她不仅是我的老师,还是我遇到的第一个专业作家,对她,苏珊自己也会说:"她写的句子比任何在世的美国作家都优美。"苏珊有时会梦幻般地提到希望自己的散文风格"更莉齐[1]些"。哈德威克,这个有条有理、节奏优美的句子的营造者,按苏珊的看法,也是"形容词女王"。

苏珊自己的写作有煽动性,也颇具戏剧性;充满了我们称为的"尖锐的"思想,叙述大胆。但她的文风——她的文风并不优美。她不写优美的句子,如果她小说中有什么值得欣赏的,我可找不出来。这真令人失望,因为几年前我被她登在《大西洋月刊》上的小说《中国旅行计划》深深打动:一个杂合的作品,既是随笔,又是小说,一个如果不是虚构也是想象出来的作品,一个我剪下来保存的作品(后来,这个作品被收入她唯一一部短篇小说集《我,及其他》)。不过,过了很多年,她才写出一部我能够欣赏的长篇小说:《火山情人》,1992年出版。

80年代中期,她正努力创作一篇回忆录,关于她青少年时到托马斯·曼家的一次拜访(这篇作品最终作为短篇小说发表在《纽约客》上,名为《朝圣》),她告诉我,她对自己的小说有了意外的发现——关于缺失的

1　指伊丽莎白·哈德威克,伊丽莎白的昵称是"莉齐"。

东西。她说，必须处理细节。尽管她非常钦佩纳博科夫的行文，但她没有效仿他著名的规则：珍爱那些神圣的细节。她说，问题的一部分是她并不真正像纳博科夫这样的作家一样注意细节；或者说，如果她当时确实注意了，事后也记不住。例如，对那天托马斯·曼的寓所，她几乎什么具体的东西都记不起来。那可真让人沮丧，她说，因为她现在又想叙述那个故事。

如果这是她作品的一个弱点，也就是她坐下来开写下一部小说时着手彻底改正之处。《火山情人》中比比皆是诸如此类刺激感官、详尽的细节描写，这在她以往的作品中是找不到的。

我那时还不记日记——或者，即使记了，也早就不见了踪影——因此，我不能肯定当时帮苏珊处理了几次信件，不过我现在觉得只有三四次。我相信是第二次去的时候，见到了她母亲，她正好从外地来小住：一位小个子、看上去娇弱的妇人（她女儿在她边上则显得庞大），染得乌黑的头发长及下巴。她看上去像是一个上了岁数的浪荡女人——像老年版的路易丝·布鲁克斯[1]。红唇膏,长长的红指甲。我现在还记得某种珠宝首饰——我想是几枚戒指。还有一个烟斗?想不起来是有,还是我编造的了。不过,我确确切切记得她是抽烟的。("在苏珊面前,我不抽烟,"她对我说,"但见到戴维和其他人我都点上一支烟……")

那天,就我和苏珊两个人时,她谈到——以她坦率、推心置腹的方式——她的家庭。她告诉我她很少去看她母亲,她16岁就离开了家,从那时候起,她与母亲几乎不再往来。她母亲第一次听说她患癌症时,送给她一条电热毯。苏珊翻了个白眼,耸了耸肩,仿佛在表达她的莫名其妙。我现在还记得,那天她坦率地谈论她母亲,不过语气并不辛酸。但是后来,她越说越多,越说越激动,最后她母亲几乎像是虚构出来的:一个冷漠、自私、自恋的女人,从未对苏珊流露过一丝爱怜,从未鼓励过自己才华横溢的女儿,甚至似乎从未注意到她还有个才华横溢的女儿。"我会把优秀的成绩单拿回家,她

---

[1] 路易丝·布鲁克斯(Louise Brooks, 1906—1985),美国女影星,以在20世纪20年代默片中轻松自如地扮演荡妇而闻名。

一言不发在上面签字。她从不表扬我,她对我的教育毫无兴趣。"

坏母亲。母老虎。(又一个例子:对戴维而言,她是米尔德里德,从来都不是外婆。)她也十分吝啬。"她从未给过我一分钱。离开家去上学,我全靠自己。我真有可能饿死的。"所有认识苏珊的人都知道这件事,也知道她心头的怨恨有多深。她认为自己是个被忽视,甚至是被抛弃的孩子。对她的照顾,很大程度托付给了另一个女人,罗丝,一名爱尔兰裔美国妇女,苏珊说她目不识丁,戴维出生后,她又一次回到苏珊的生活中。("我们开玩笑说为什么我们这么像,"苏珊说,"那是因为我们的奶妈是同一个人。")

我们听过好多次:我母亲从不关心我身上发生了什么。我母亲从来没有安慰过我支持过我。这仿佛就发生在昨天。一道永远无法愈合的伤口。

她有个继父,还随了他的姓,她还有个妹妹。虽然谈到他们时,她心头的怨恨没有提她母亲时那么深,但她解释说,她与他们的关系也很疏远,因为她与他们没有共同之处。她是他们当中唯一的知识分子,唯一对文化充满激情、对政治感兴趣的人。她说，她的作品、她的荣誉、她辉煌的生涯——没有一样对她的家人而言是至关重要的；对他们来说，她的世界就是外层空间。

我知道《中国旅行计划》——正如它看上去那样——完全就是自传体的。（她解释说，这对她来说是异乎寻常的。她不是那类直接写个人经历的作家。其实，"我是反自传体的。"她说。）

她五岁时，父亲死于肺结核。她母亲过了几个月才说他永远也不会从中国回来了，他是去中国做生意的。她一副就事论事的腔调，仿佛这件事一点也不值得大惊小怪。然后："很突然，"苏珊说，"我第一次犯哮喘。"她的哮喘严重到接受了医生的建议，一家人离开苏珊的出生地纽约城，在迈阿密短暂逗留后，在图森安顿下来。她后来还患上了偏头痛和阶段性贫血。她记得曾每天喝几杯母亲从屠夫处拿回来的猪血（这一幕让我觉得很恶心）。

因为她几乎不记得父亲，关于他的情况也无法了解多少，于是她只能虚构一些他的事情。自然，她将他理想化了。像米尔德里德这么平庸、毫无好奇心、胸无大志的人居然能生出她这么个女儿来，苏珊（不仅仅是她）百思不得其解。于是她想象她的父亲如何如何，虽然他没有受过很多教育，却天生聪颖，还有其他一些她钦佩的品质。我认为她没错，杰克·罗森布拉特一定是个不寻常的人。她愿意认为，如果他还活着，他会是一位好父亲，是这个家庭中她能与之融洽相处的人，会为她的成就感到骄傲，能够分享她的兴趣爱好。她的丈夫，显然是个糟糕的父亲。但是她相信她儿子不仅会成为一个好父亲，而且会是个伟大的父亲。这是她一直挂在嘴边的话——就像她一直说她相信自己就是个伟大的母亲一样。有一次，她问我会不会成为一个好母亲，我实话实说——我不知道——这让她很泄气。"你怎么能这样说自己啊？"就好像我刚刚承认自己是个坏人一样。她说在这一点上她从未怀疑过自己。事实上，未能有更多的孩子是她最大的遗憾之一。她说过，每次她见到小宝宝或小孩子都有种"犯罪"感。"我想拐走他们！"甚至看到小动物也会让她痛苦。她说，有一次，她看到一头幼象走近，简直不知所措，"我会不断抽泣。"（我认为这一定和一个事实有关，即戴维童年时期，她和他很多时候都是分开的。她经常把他托给其他人照看，有时是长期如此。比如，他五岁生日前后，她出国了，过了一年多才见到他。）

她告诉我，戴维长大成人的阶段中，她每一次做的事情都与她母亲当年所做的截然相反（例如，鼓励他随时不经允许就到她钱包里拿钱，想拿多少就拿多少），对此她给出了自己的观点。"我不像我母亲，能这么说感觉非常好。"的确，她总是大把大把地给戴维钱。

我十分肯定，我是第三次去340号时头一次见到戴维。我正要离开公寓，他回家来了，苏珊简单地介绍我们认识。让我吃惊的是，大约一天后，她就来电话让我回去——不是我们已经约好的下个星期，而是当天下午。我说行，当然，没问题。她听上去很急。我不想让她失望。

我到的时候，苏珊、戴维，还有戴维那个住在他们家的朋友，全都在厨房喝着咖啡。我们围坐在长桌边，过了一会儿，我和苏珊就回她的卧室干活去了。可是，我们几乎还没开始，她就举起双手说："我今天做不了这些事，我真的不在状态。我们干吗不出去吃比萨？"她是指我们四人，于是我们就一起步行前往阿姆斯特丹大道的V&T比萨店。

我不记得我们——或者说他们，因为我肯定我几乎没开口——谈了些什么。我当时太心烦意乱了。实情是，我当时的状态很差。我刚刚发现自己的男友——我和他同居差不多两年了——开始与别人约会。他对我说那是个错误，他希望我们俩在一起——他会与那个女人了断——但我对此深表怀疑。首先，我了解他的过去。他总是这种做派：与一个女人交往期间，他就会开始与另一个约会。一番周折后，他总是与第二个女人好上。所以我对我们的未来不抱太大希望，而且，我不能肯定我是不是还想要他。那个时候，他和那个新女友都在《纽约书评》工作，这事在杂志社已是公开的秘密。我不想让苏珊知道这件事。可我不知道的是，她已经听说了。她这才给我打的电话，我们这才到了比萨店。

原来，上次我在340号，苏珊介绍完我和戴维，我回家之后，戴维就问她我有没有男朋友，她说有。可紧接着，她就从《书评》的一个朋友那里听说那段关系可能结束了。她鼓励戴维给我打电话。他害羞。她可不。

接下来一两个星期的情况是这样：我从与男友同居的公寓搬了出来，在附近的公寓转租了一个房间，两个刚毕业的大学生合租了这套公寓。我打算在此住到夏天过了，然后再找个自己的地方。我的男友继续与那个女人约会，她很快就搬去和他同住。我开始与戴维约会。苏珊开始和约瑟夫·布罗茨基约会。

约瑟夫·布罗茨基最近才在美国安顿下来——他第二年成了美国公民——1972年他被驱逐出他的祖国苏联，先是在欧洲的几个城市生活，然后来到美国。他当时只有36岁，但艰难的生活——包括在德国对列宁格勒的围困时差点饿死，还有一年半的劳改农场劳动（他因"社会寄生虫罪"获刑五年，流放苏联北方，一年半后获减刑），烟瘾重，还有心脏病，都让他显得苍老。他几乎全秃了，牙也一颗颗在掉，肚子很大。他每天都穿同一件脏兮兮、又肥又大的衣服。但在苏珊看来，他非常浪漫多情。这是一段持续到1996年他去世的友谊的开始，在最初的那段时光里，她深深地迷恋上了他。有些美国文人——苏珊即其中之———认为欧洲作家总比本土的优秀,对他们而言,俄国作家,尤其是俄国诗人,他们身上有特别高贵和富有魅力的东西。约瑟夫·布罗茨基获得过包括 W. H. 奥登和安娜·阿赫马托娃等人的赞美。他也是一名英雄,甚至是一名殉道者:一位为了自己的艺术而蒙受犯人般折磨的作家。人人都清楚他会获得诺贝尔奖。苏珊为之倾倒。他说的每一句话,他不断提炼的双关语("Muerto Rico"[1]),还有他即兴的妙语("如果你想被别人引用,就别引用别人")中,她都看到天才的闪光。她偏爱他对托尔斯泰长篇大论的抨击(他认为托尔斯泰"根本就无法与陀思妥耶夫斯基相提并论",只不过是一个文化修养高的玛格丽特·米切尔[2],出力为社会主义现实主义铺平了道路),以及他怪异的文学判断(纳博科夫的作品"腌浸得太厉害")。她能够原谅他的粗野(他任教的曼荷莲的女大学生,都是"骑警"[3];同性恋男子翘起下巴的方式,就

---

1 努涅斯解释说,这是约瑟夫·布罗茨基说的一个糟糕的双关语,改写自 Puerto Rico。在西班牙语中,Muerto 表示"死的、乏味、没有生气",Puerto Rico 即波多黎各。

2 《飘》的作者。

3 曼荷莲女子学院的英文为"Mount Holyoke College",布罗茨基称其女生为"mounties"(即骑警),也是个双关语。

是"希腊式挑逗")。

"既然我这事完了,"苏珊说,指她的乳腺癌(尽管当时她仍在接受治疗),"我就想着两件事:我想工作,我想找些乐趣。"约瑟夫就是乐趣。他有一种迷人的、嘴唇紧闭的、近乎呜咽的笑,而且他经常笑。他曾是残暴行径的受害者,但他却依然心地善良。他坚持自己的观点,认为诗人是人类上等阶层,认为自己是世界上最优秀的诗人之一,但他不是个自命不凡或孤芳自赏的人。他慷慨大方,天生多情,他喜欢开开心心——开心的时候如果有更多人一起分享就更开心——他有那种恶作剧的、男孩似的幽默感。他喜欢猫,有时,他会喵喵地跟人打招呼。那时,戴维有辆车,我记得我们四人开车在曼哈顿兜风,四根烟抽着,满车都是烟,还有约瑟夫低沉、喋喋不休的声音,以及滑稽、高调门的笑声。

他想写随笔——不是用他的母语俄语,而是用自学的英语。(他已经开始用英语写了几首诗。)像苏珊一样,他也会为《纽约书评》写稿。在早期那几篇《纽约书评》随笔中,苏珊看到了一如既往的天才的标志,不过她也看到了不足。他似乎真诚地渴望知道她的看法,但她左右为难。她想实话实说——认定自己义不容辞要实话实说——可是她不知道他会如何接受。最后,她认定他不会平静地接受。她不能批评,只能表扬。但那就有违她的良心了。她有一次想让我做她的代言人("如果他认为这是你的观点,也许会更容易接受"),但我拒绝了。

然而对她的感受,他不是那么细心。一次,她试着解释她为何宁愿完全不写评论文章,而只写小说(她长期以来的遗憾),她说:"我讨厌那么辛苦地工作,我想要歌唱!"约瑟夫看过她的一些小说,他劝她:"苏珊,你得明白,能唱歌的人可是凤毛麟角啊。"(另一方面,我还记得,虽然他和苏珊通常都贬低现实主义风格,但琼·斯塔福德[1]的一个短篇小说《大批诗人》在《纽约客》上发表时,他却极力夸奖。)

他还劝苏珊不要收藏那么多书。对一本书唯一恰当的处理方法是:一看完就送掉。

"苏珊,苏珊,等等,请闭嘴,我在说话呢!"他总要成为关注的焦点,说话最多的那个人。虽然听他说

---

[1] 琼·斯塔福德(Jean Stafford, 1915—1979),美国小说家,以现实主义风格闻名,1970 年获普利策奖。

也总是很愉悦，不过，我还是常常在与他道别后才开心起来，这样我就能不被打断地听苏珊要说的话——反正对我而言——她的话通常更清晰明了，更具启发性。有很多话题——比如电影——她比他懂得多。

我有必要说聆听他俩是莫大的荣幸吗？追忆往昔，我只希望我当时能感受到更多的快乐——或者，至少我能找到一种让记忆不那么痛苦的方式。

　　……沉默是

　　我们触摸时问候的告别。

我曾读过约瑟夫 1973 年出版的诗作的英译本，由奥登作序，并献给奥登，表达对他的怀念（他于同年去世）。我还记得在 340 号最令人激动的那首诗是《致约翰·多恩的哀歌》。但当时就让我魂牵梦萦的是"戈尔布诺夫和戈尔恰科夫"第十章中的这一行。现在仍然让我魂牵梦萦。

那时候，苏珊和戴维最爱吃的就是寿司（是他们让我认识了这种食物），和他们俩或其中一个出去吃饭，通常意味着去哥伦布大道两家日本餐馆中的一家，或市中心某家稍微高档别致点的餐馆。

当然，如果是和约瑟夫，那就得去唐人街。我还记得一天晚上，他的筷子上荡着一段海参，满脸微笑面对饭桌上每个人。"我们爽不爽啊？"他说，然后转身给苏珊一个吻。

那天晚上，我们把他在莫顿街——他住的地方——放下后，他第一次犯了心脏病。

我很少待在我租的房间里，不过，夏天快结束的时候（大多数时间苏珊都不在，她在她的第二个家，在巴黎），我的确找了个新公寓。公寓所在的街区环境很糟，是当时半贫民区式上西区随处可见的很多环境很差的街区之一。我甚至东西还没全搬进去，就遭了窃。邻居告诉我，贼就是公寓管理员，而且我并不是他的第一个受害者，于是我找他当面对质，他矢口否认，但一副做贼心虚的样子——卑鄙无耻之至。我向房东投诉，可他情愿多一事不如少一事。如果你这么怀疑，那就换锁，他很厌烦地对我说。公寓管理员在我看来不仅不老实，还有点神经兮兮，他镇定自若地进入公寓盗窃房客的财物，留一扇窗户开着，这样看起来好像贼是破窗而入的（就我这套公寓而言，贼得会飞才行）。我当时害怕住在那儿。事实上，我从未住过。

※

那么，我为什么要去作家聚居地？苏珊想知道。她自己就决不会那样。如果她要躲起来创作一段时间，那就待在一家宾馆好了。她曾这么干过一两次，而且很喜欢这么干，点上三明治和咖啡送到房间，埋头创作。可要住到乡间某个僻静的地方与世隔绝听上去就可怕了。而且在乡下能找得什么灵感呢？难道我从未读过柏拉图？（苏格拉底对斐德罗说："我是爱知识的人，树木和空旷乡野不会教给我任何东西。"）

我从没见过有谁对艺术之美、对人体之美的欣赏能力能与苏珊媲美——"我是个恋美狂"是她整天挂在嘴边的话——不过,她也是我见过的对自然之美最无动于衷的人。对她来说,这是最明显不过的事:艺术优于自然,正如城市优于乡村。为什么会有人希望离开曼哈顿——"20世纪之都",她总爱这么说——而去林子里过上一个月呢?

我说我很容易就能想象自己搬到乡下,也许不是现在而是等我老一点的时候,她听了惊恐万状。"听上去像是要退休隐居。"这个词让她很不舒服。

她父母住在夏威夷,因此,有时她得飞过去。听到我说我心心念念要去美国最美的州,简直想死了,她无法理解。"可那地方无聊透顶。"好奇心是她书中最大的优点,而她自己也是好奇心强烈——不过不是对自然界。虽然她经常赞赏从她公寓看出去的景色,但我从未发现她穿过大街,到河滨公园去。

有一次,我们一起走在另一座城市一所大学的校园里,一只金花鼠飞快地穿过我们脚下的小路,钻进了一棵橡树根部的一个洞里。"哦,看,"她说,"就像迪士尼动画。"

还有一次,我给她看我在写的一篇小说,里边出现了一只蜻蜓。"那是什么?是你编出来的?"当我开口描述蜻蜓是什么的时候,她打断了我。"没关系。"那不重要;它很无聊。

无聊,和奴性一样,是她最喜欢用的字眼。另一个是值得效仿。还有,严肃。"你只要看看他们的书就能知道这些人到底有多严肃。"她指的不仅仅是他们在书架上放了哪些书,还有这些书是如何排列的。那个时候她大概有六千册书,也许是她最终藏书的三分之一。就因为她,我把自己的书按学科排列,按时间顺序而不是字母顺序。我希望自己严肃。

"这对一个女人而言更难做到。"她承认。意思是:做到严肃,认真对待自己,让别人认真对待她。她自小就态度坚决。让性别妨碍她?决不!但是,大多数女性太胆怯。大多数女性不敢坚持自己的权利,不敢表现出太聪明、太有抱负、太自信。她们不敢显出没有淑女风范。她们不希望被人视作严酷或冷漠或自我中心或自负。她们害怕表现出阳刚之气。头号规则就是克制所有这一切。

下面是我最喜欢的苏珊·桑塔格的故事之一。

60年代某个时候，她成为弗雷-斯特劳斯-吉劳出版社的作者后，应邀参加斯特劳斯在位于上东区一套市内住宅里举办的一次晚宴。那时，在斯特劳斯家有个惯例，餐后客人会分成两拨，男性到一个房间，女性到另一个房间。有那么一刻，苏珊很困惑。随即她念头一闪。她一句话也没跟女主人说，就大步走过去参与到那拨男人当中。

多萝西娅·斯特劳斯开心地讲述这个故事："就是这样哎！苏珊打破了传统，从此我们餐后再也没分过男女。"

她当然毫不惧怕看上去具有阳刚之气。而且，对其他与她自己不太一样的女人，她则不耐烦。还有那些不能离开女性房间去加入男性的女人。

她总是穿裤子（通常是牛仔裤），还有低跟鞋（通常是运动鞋），而且她拒绝拿手包。女人对手包的喜爱令她困惑不解。她嘲笑我到哪儿都带着手包。没有手包女人就会不知所措，她们从哪儿得到这一观念的呢？男人就不带手包,难道我没注意到?为什么女人要给自己增加负担呢?为什么不能总是穿那种有足够大的口袋,能够装下钥匙、钱包,还有香烟的衣服,就像男人一样?

(不过,如果她希望出席拜罗伊特的理查德·瓦格纳音乐节,那她得穿裙子。为了瓦格纳,苏珊会穿得像个淑女。而且,为了配上那条她在巴黎买的黑色、有褶的丝绸长裙,她得穿上长筒丝袜和高跟鞋。回到纽约,还在兴头上,她会又一次穿上这身行头,去参加斯特劳斯夫妇在饭店举办的晚宴。她为我们即席伴奏,我们全都认为效果非常奇怪,甚至是不正常。)

虽然她经常因为自己的长相而受人赞美,但从未给我留下爱慕虚荣的印象。如果一定要说的话,那我敢打赌,在她收获的众多赞美之辞中,她最喜欢皮特·哈米尔[1]的:"拥有她同时代人中最智慧的脸。"(至少,他这样赞美后不久——报道1977年罗伯特·洛厄尔的追悼仪式时所作——他和她就开始约会了。)她自己的评价是混合的:"有时候我照镜子就想,嘿,我确实长得

---

[1] 皮特·哈米尔(Pete Hamill, 1935—),美国记者、作家。

不错。"另外一些时候，她则很沮丧。

"我一直有几个特征，大家都觉得不漂亮。"她说。眼袋，还有所谓的"胖脚踝"。另外，她还咬指甲。她很在意怀孕时留下的妊娠纹。虽然对失去一个乳房换一条命而言，这个代价似乎并不太大，但这依然不是她能够坦然接受的事，这一点与其他女人差别不大。不过，她拒绝感到"难为情"。她会撩起T恤让别人看她的伤疤。"难道不令人诧异吗？我原以为会非常恐怖，但实际上就像是一道擦痕。"事实也确实如此。把自己的胸部给男性或那些她刚结识的人看，她不觉得害羞。她认为人人都应该好奇且能够毫不畏惧地看。（她讨厌人们那种过于拘谨、过分讲究的特质，我现在还记得她有一次嘲笑一个同桌吃饭的家伙，他见到泰国餐汤里有猪耳朵，顿时脸色煞白。她指着他盘子里的一块猪肉，说："那你觉得这块是猪的什么部位呢？"）她曾经考虑过乳房再造，但最终还是决定不做。可是，当一个朋友对此决定表示支持，说，毕竟苏珊不再是个年轻女人了，她勃然大怒。"我可不愿那么想。就像是，我的生活——我的性生活——全离我远去了。"（实际上，她不希望年龄成为任何事情的影响因素。她可能急急忙忙想离开童年时期,但是,她希望自己一辈子都不要像现实中那样变老。)

她说过:"你与我之间有一个很大的差别。你化妆,而且你着装某种程度上是为了吸引别人的注意,让大家发觉你有魅力。但我不会做任何事情来吸引别人注意我的容貌。如果有人想,他们可以近距离看,也许他们就会发现我有吸引力。但是我不会做任何事来促使他们这样。"我的做法是典型的女性的方式,而她则是大多数男性的风格。

不化妆,但是,据我们所知,她染发。而且她还用古龙香水。男性的古龙香水:迪奥·桀傲。

而且,和大多数女人一样,她非常在意自己的体重,而她的体重变化很大,这取决于她抽烟多少,或者创作多少,如果很多,通常意味着她也在服安非他命。40岁以后,她多半是超重。而且,和许许多多女人一样,她有自己苛刻的饮食规定:少吃六顿饭,少六磅肉。这并非易事。苏珊好吃。(事实上,我们俩最大的共性可能就是这尴尬的地方:都有饕餮的胃口。)

但她对自己的身高很满意。一次,在一个女权主义研讨会上,她妒忌起杰梅茵·格里尔[1]来。"她是屋子里唯一比我高的女人。"(画家索尔·斯坦伯格[2]曾奇怪地坚持认为,苏珊其实并不像她儿子那样是个真正的高个子,而是一个矮个站在另一个矮个上。[3])不过,总的说来,别的女人外表的魅力并不会引起苏珊的嫉妒。

她从不锻炼——她一辈子身体都不是很好——不过,只要天气暖和,只要她在城里,她还是喜欢散散步。慢悠悠、懒懒散散,稍微有点平足的步态,不是很优雅,不过也并非不漂亮。散步时,她下巴抬得高高的,而且她常常把两个拇指钩在腰带或牛仔裤口袋上。

她穿黑色衣服的时候很多,不过,黑色并不是她穿得最好看的颜色。她皮肤是黄褐色,穿白色、玫红色、蓝色看上去会更好。我觉得她应该穿那些让她看上去柔

---

1 杰梅茵·格里尔(Germaine Greer, 1939—),澳大利亚女作家、新闻工作者、学者。
2 索尔·斯坦伯格(Saul Steinberg, 1914—1999),美国现代插图画家。
3 努涅斯告诉我说,索尔·斯坦伯格是在开玩笑,意思是桑塔格并不高,而是像两个矮个,一个站在另一个的肩膀上。努涅斯评论说,这个笑话是荒谬的,她也不明白斯坦伯格为何这样开玩笑。

和些的颜色,搞不懂为什么她一定要看上去那么强硬。有时,她看上去就像是女狱警。

她告诉过我,她曾不得不被别人指教如何着装。直至成年,她还对服装或款式一无所知。"我曾是邋遢小姐,我曾以为涤纶就很好了。"

她经常摇一摇或甩一甩她的头发,然后用一只手的手指把头发撩到脸边上,这是她最经典的动作之一。一旦那一绺白发露出来,我就不喜欢,在我看来那一点也不自然。

坊间盛传——尤其是苏珊自己也说——她对美的痴迷是"病态的"(她自己的话)。但是,应该说一下,她对人体美的品味,和她对大多数东西的品味一样,极其广泛。她在所有类型的人当中都能看到美的存在,而且能发现许多男女身上那些不同寻常且无从被他人察觉的美。如果一个人哪怕只有一个显著的特征——比如说,好身材,或一双大大的蓝眼睛——就值得"为这个人去死"。比如,一个人会如何看待她对北越的人的看法呢?她认为那儿的"每个人看上去都像电影明星"。我将此看作她夸张习性的一部分：她喜欢的每一件艺术作品都是杰作，每一位感动过她的艺术家都是天才，每一个有过勇敢行为的男人或女人都是英雄，而且每一个拐角附近都会出现海伦或阿多尼斯[1]。

有时，她抱怨一个人的外表能持续对她有控制作用。比如某个前任，苏珊憎恨她，一个人只有憎恨某个曾疯狂爱慕过的人才会这样；苏珊断言只有一个理由让她每次见到这个女人都仍然感到痛苦。"如果她头上套个纸袋子走过，我就会没事。"其他人在这个女人身上看不出这种惊人的美，苏珊觉得他们肯定是瞎了。

这时，我脑子里出现"敏感"这个词。她就是敏感。"如果我接近某个人，哪怕只是一个朋友，我总感觉到那个人对我的一些性吸引。"她常常最终与朋友上了床。

虽然她一直都很尊崇伊丽莎白·哈德威克的作品，但她认为哈德威克是又一个为其女性特质所束缚的女人（"我一直在，一辈子都在，寻找来自男人的帮助。"哈

---

[1] 海伦（Helen）和阿多尼斯（Adonis）分别是希腊神话中的美女和美少年。

德威克曾写过这句话),这是她身上极为深刻的南方烙印。(另一方面,我曾与哈德威克谈论过女作家,当我提到苏珊时,她说,"她并不是一个真正的女人。")

苏珊认为弗吉尼亚·伍尔夫是个天才,但是,将她置于所有其他文学大师之上,如我当时那样,让她觉得幼稚、老套。另外,伍尔夫的某些方面——我认为与伍尔夫的精神和身体疾病高度相关的某些方面(换句话说,就是她的缺点)——令苏珊非常不舒服。伍尔夫的第一卷书信集当时刚刚出版,苏珊说她无法去读。很多封致伍尔夫深爱的年长朋友维奥莱特·迪金森的信让她看不下去,傻乎乎的爱慕以及少女般的闲扯,还有伍尔夫习惯表现出她自己是个娇小可爱的小动物。苏珊讨厌任何孩子气的语言,而且总是自夸她儿子小时候,她就从未用过婴孩语言和他说话。

可是,我生日的时候,她送给我两卷本手稿本《海浪》中的一卷。

她对抱怨经期不适的女人表示怀疑。她自己经期一点麻烦也没有,于是她认为许多女人肯定是在夸大她们经期的不便与不适。要么就是她们相信老一套的说法，认为女性身体是娇嫩和脆弱的。其实，她怀疑许多人都对身体和情感两方面的疼痛夸大或反应过度了，这种态度无疑很大程度上是因为她患过癌症，而且顽强地经受了根治性手术和化疗。对我的不适，她诊断简单："你是神经衰弱。"戴维的前任女友有严重的痛经，苏珊开始着急了。"我不希望戴维认为所有女人都像这个样子。"

有一次，离家前，她看到我悄悄往手包里塞了几个卫生棉条，这令她很生气。手包已经够糟的了，现在又有这玩意："我们只不过出去几小时，你不需要那么多卫生棉条哎！"（她也不理解为什么一个人会需要那么多内裤。我应该向她学习：只有一两条，每晚上床睡觉前就把你当天穿的那条洗掉。）

看到我蜷缩成一团坐在她儿子的大腿上，她冷冷地盯着我，一副"我总算看透你了"的样子，含含糊糊地嘲笑说："小女孩与她的大男人。"

她是个女权主义者，可是她经常指责她那些女权主义姐妹，指责女权主义言辞浮夸，许多都幼稚、矫情、反智。对那些抱怨自己在艺术领域未取得充分代表性，或作品未被视为经典的人，她会很不友好，毫不客气地提醒他们，经典（或艺术，或天赋，或才能，或文学）不是一个提供均等机会的雇主。

她是一名觉得大多数女人都有欠缺的女权主义者。她有一位经常见面的朋友，一个杰出的男性，她喜欢听他说话，虽然他已婚，但她通常单独与他见面。如果哪一次他妻子也一起来，那么，结果必然令人失望。有他妻子在场，苏珊抱怨说，这个才华横溢、激发智性的男人不知怎么就变得乏味了。

她发现即使是非常聪明的女人的陪伴，通常也没有聪明男人的陪伴有趣，对此她非常恼怒。

※

那个秋天，我搬进 340 号不久，也是苏珊被诊断出癌症后一年，她又住院了。当时她还在接受化疗，一次常规检查发现了什么问题，她的医生都很担心。为了进一步了解情况，他们不得不动手术。虽然最后发现只是虚惊一场，但当时让苏珊和她身边每个人都陷入了恐慌。

妮科尔·斯特凡娜飞到纽约；苏珊与这个女人数年保持恋爱关系，还与她在巴黎共筑爱巢。她在手术前几天赶到，待了一星期左右，直到苏珊出院。

见到妮科尔我很激动。我是《可怕的孩子》的超级影迷，她 20 多岁时在让-皮埃尔·梅尔维尔 1950 年导的这部电影里领衔主演——她迷人的表演获得了很多喝彩。不过，这部电影拍后不久，她就息影了——部分原因是她遭遇了一场严重的车祸，不过，按苏珊的说法，还因为，虽然她才华横溢，但性情并不适合当电影明星。苏珊显然对其能从名利场中抽身表示赞赏——她更为赞赏的还有：二战期间，妮科尔虽然还只是个小姑娘，就已经是抵抗运动的一分子了。

妮科尔没有继续演电影，而是做起了制片人，包括苏珊的《应许之地》，一部1973年赎罪日战争结束前后摄于以色列的纪录片。我遇到妮科尔时，她正忙着努力以拜占庭艺术风格将普鲁斯特的《追忆似水年华》拍成电影，这似乎是一个受到诅咒的项目，她奋斗了好几年才完成。

妮科尔比苏珊大十岁，她的爱有很强的母性成分。她将照顾苏珊看作自己的义务，而这一义务大部分落实到给她准备吃的上。事实上，每次来纽约，她大部分时间都花在了购买食物（她喜欢扎巴氏食品店，还有，在纽约的另一头，上东区的乐贝尔肉市）以及准备美味佳肴上。但这一切没有一样不是以戏剧性场面收场。常常，她在厨房里忙着呢，就听到她用法语轻声低语然后诅咒发誓然后砰砰到处一阵猛敲。那些日子，上西区的厨房里除了其他烦心事外，还爬满了蟑螂。但妮科尔这次来，一件接一件的事没完没了地触怒她，她每天至少哭一回或勃然大怒，或两样都发生。

真不愧是个好演员，她让我相信她见到我很开心，非常高兴地欢迎我进入这个家庭，不过实情并非如此。她过去与戴维的相处麻烦很多，在母子之间出现的多次争论中她总是站在苏珊一边。现在的情况让她反感——不过几乎不感到惊讶——他给自己找了个女朋友，这女朋友甚至连煮个鸡蛋都不会。她误解了某个人说的一句话（妮科尔的英语不好），于是认定我在服用某种超级危险的避孕药，怎么说她都不相信（实际上，我根本就没有服用避孕药），还认定我总有一天会生下一个畸形儿。换句话说，我既无能又鲁莽。还有，我缠着戴维，甚至是在公开场合。就像个妓女。这让他无精打采，她说。

她把所有这些针对我的指责——还有更多——说给其他与这家关系密切的人听，这些人又把她的话传给我，可能她就知道他们会这么做，而当着我的面，她依然是……开心的样子。

有时，她会用黑色的记号笔在冰箱里各样东西上写上"苏珊专享！"。

离开时她为苏珊担心，最担心她吃什么。（甚至在苏珊生病之前,大家就都知道妮科尔从巴黎打电话给这边附近的酒店,订购食品让他们送到苏珊家。)得知现在苏珊落到像戴维和我这一对自私自利、一无是处的人手里,她能安心吗?

确实,妮科尔一走,我们就又回到老习惯,全部在外面吃饭,或吃外卖。除了妮科尔或某个别的客人,我想不起来340号真正烧过饭。没有请客招待,哪怕是逢年过节。如果有来客,那他或她会被招待一杯布斯特洛咖啡(绝不会是任何一种酒)或者受邀和我们一起吃一顿冷冻食品或喝一碗罐头汤。戴维爱吃垃圾食品,可以一整天就吃炸薯条,别的什么也不吃。苏珊一直习惯用一包培根做饭,一直到她开始为硝酸盐中的致癌物感到担心才不这么做。偶尔,我们当中的一个会把羊排或鸡翅扔进平底锅,然后一阵狂煮。一次,我在超市买了烤猪肉,苏珊教我如何做成古巴风味,她出生于古巴的前恋人、剧作家玛丽亚·艾琳·福恩斯通常就那么做,将切成薄片的大蒜嵌入用刀切出口子的肉中。

记得有一天,就在我搬进去住之后,我们仨围坐一起,饥肠辘辘,却又懒得动弹,在想我们到底能吃什么。我提出出去买些罐装的金枪鱼和一长条面包做三明治,我们还可以加上炸薯条一起吃。苏珊和戴维交换了一下眼色。"这么非犹太[1]?"苏珊说。于是我去109街与百老汇交界处的古巴中餐馆给我们仨买了些外卖。

苏珊一直努力让我相信,妮科尔这次来的时候的坏情绪完全不是我的错。其实,她们之间的关系总是充满着令人不愉快的矛盾,已经慢慢地、乱糟糟地断了。那年夏天在巴黎,她们吵得不可开交。她们还会是朋友(妮科尔比苏珊多活三年不到,2007年去世,享年83岁),但她们作为恋人共享的人生已结束。

妮科尔这次来探望后不久,苏珊在妮科尔之前的恋人,一个当时住在罗马,名叫卡洛塔的意大利女人来住了些日子。我和她相处一点麻烦也没有,不过,与妮科尔相比,卡洛塔虽然随和,但动不动就抑郁,这令她几乎患上了紧张症,让苏珊烦恼不堪。

其实,尽管苏珊刚刚躲过一劫,但她自己也很消沉。一方面,在苏珊需要的时候,妮科尔和卡洛塔都愿意大

---

[1] goy,意第绪语,意为"非犹太"。桑塔格指西格丽德建议的食物是非犹太人吃的典型食物:乏味,没有蒜头一类佐料。

老远特地赶过来陪着她,这当然是件大好事。另一方面,想起她们的关系以浪漫和激情开始,而今却都消亡,这令她情绪低落提不起劲来。苏珊独自一人,而她不希望独自一人。她希望身陷爱情之中。(她相信爱情,而且一旦她爱了,就爱得很深,在她的情感中有一种恐怖的成分。)她希望结婚。她这一辈子,所有的情感,无论她爱对方有多深,有多真,可没有一段是持久的,这令她非常痛苦。与约瑟夫·布罗茨基的那段情是短暂的,而且他都没有委婉行事,好让她有台阶下。实际上,他很卑鄙。("卑鄙、滑头的男人与愚蠢的女人,"她曾诙谐地说,"似乎就是我的命运。")虽然她对与菲利普·里夫的婚姻一直都深感遗憾,但随着时间的推移,她会留恋地缅怀他们之间曾经的亲密:他是如何如何地讨厌与她分开,甚至跟着她一起进卫生间。"他甚至无法暂停交谈,让我去小个便。"他们似乎有说不完的话。她渴望的就是这种亲密,她担心她再也不会得到了。她当时在写作——主要是论摄影那个系列随笔的最后两篇,她1973年就开始动笔了——但她过得很不开心。

❋

那么多年以来，我遇到或知道有为数不少的人，都说是因为年轻时读了桑塔格才想成为作家的。虽然我自己不是这样，但她对我的写作和思考的影响却是深远的。到我开始接触她时，我已经离开校园了，但我一直就是一个比较糟糕、极其心不在焉的学生，而且我知识上的缺陷很大。虽然她并非在纽约长大，却比我这个土生土长的纽约人还像个纽约人；对这个城市的文化生活，你找不到比她更好的向导。我认为遇到她是我这辈子最幸运的事之一，这没什么好奇怪的。当然很有可能，我自己迟早也会发现约翰·伯格、瓦尔特·本雅明、E.M.齐奥朗，还有西蒙娜·韦伊。可事实上，我全是从她那儿第一次听说他们。虽然我肯定，当她发现我有那么多书没看过、那么多东西不知道时，常常很失望，但她并没有让我觉得羞愧。抛开别的不说，她理解来自一个几乎没有书籍、也没有智性精神或引导的地方，可能出现什么样的情况。她说："你和我都不可能像戴维那样一出生就认为有些事是理所当然的。"

我发表了那篇纪念随笔,文中写到苏珊不是一个势利眼,我听到有人愤怒地回应:人尽皆知她就是个极端的势利眼!我的意思是她不相信一个人单单因为自己的出身,无论多么落后或贫穷,就一定会缺乏高贵的品质;她不是将人分为三六九等的势利眼。她是这样一种人,会注意到那个有一段时间帮她家打扫房屋的年轻女子,虽未受过良好的教育却具有"优雅、自然的贵族举止"。另一方面,她从不虚伪地认为一个人的成功一点也不——也不是很小程度上——靠关系(对一个曾请她帮忙写一封推荐信得到某个职位的女子,她说:"她永远永远也得不到那个职位——不是因为她的工作做得不够好,只不过是她没认对人。"),她也从不假装说她不明白帕斯卡[1]说好的出身能帮一个人省30年时间这句话的含意。

事实上,那些出身名门的人(其中为数不少的人一直追求苏珊)的行为方式对她而言永远都是魅力源泉。一次,她参加一场宴会回来,讲了这么一个故事:其中

---

[1] 帕斯卡(Blaise Pascal,1623—1662),法国数学家、物理学家、哲学家。

一位宾客，一名出身豪门的女子，在其他人喝咖啡的时候睡着了，仰着头、张着嘴坐在那儿打鼾。苏珊讲这故事时语气敬畏。"啊，那可真是上流社会的自信啊。"还有一个令人敬佩的故事，是关于一位年轻的戏剧演出资助人，他邀请她和一大帮人在预演后到一家饭店去喝一杯。当饭店老板说如果他们点的全部都是喝的，那就不能给他们安排桌子了，"没问题。就给我们上喝的，不过你可以收我们饭钱。"（那意思当然是，收他的钱。）有一次在机场，苏珊被坐她边上的一个男人漂亮的皮肤迷住了，她跟自己打了个赌。果然，她后来说，登机的时候，那个男人是坐头等舱。

这类观察对她而言十分常见，但这并不令她成为一个势利眼。她从不介意一个人出身于"好的"还是"坏的"家庭；她明白其中的差别是似是而非的。对她而言，不管你从哪里来，真正重要的是你有多聪明——因为，无须赘言，她是精英。如果你有品味且求知欲强，那么你都不必那么聪明。如果你雍容华贵，那你根本就不需要聪明。虽然在书店，她会因为店员没认出她的大名而十分恼怒，但如果是一名介绍给她的纽约城市芭蕾舞团的演员问"你是干什么的?"(苏珊什么?),那没关系。

我知识上的不足并未真正令她吃惊。她对美国教育、对总体上的美国文化评价很低,她理所当然地认为,我在340号一年学到的东西比在一所美国大学六年学到的还要多。她天生就是个导师。她并没有那种所谓的真正意义上的门徒(我认为,除了戴维),但是,你不可能与苏珊生活在一起,或与她一起度过大把时光,却能不受其教导。有些人甚至只是第一次与她见面,就可能带着一份阅读书目离开了。她天生就喜欢教导别人、爱说教;她希望成为一个有影响的人、一个榜样,值得效仿。她想要提高其他人的思维能力,使他们的品味变得高雅,她想要告诉人们他们不知道的事情(有的时候,是一些他们甚至不想知道却是她坚持认为他们应该知道的事情)。但是,如果教育别人是一种义务,那它也有很多乐趣。她与托马斯·伯恩哈德剧作中的"不与人分享的思想家"——他沾沾自喜于自己异想天开的想法,认为他喜爱的每一本书、每一幅画或每一首乐曲,都是单独为他一个人所创作,且只属于他一个人,而且他的这种"艺术上的自私"使他无法忍受旁人欣赏或赏识他所崇尚的天才之作——相反，她希望自己的激情为所有人分享，对任何她喜爱的作品做出同样强烈的回应带给她一种最大的愉悦。

她热衷的一些事情令我困惑不解。我们坐在电影院，分享一大块巧克力的时候，我就纳闷，她为什么要看凯瑟琳·赫本老片子的两部连放场呢，而且她说两部片子她都已经看过20遍以上了。当然，她痴迷于（另一个她最喜欢用的词）看电影——这一习惯，也许，只有那些从不看电视的人才会有。（我们现在知道：如果一种尺寸的屏幕不让你上瘾，那么另一种尺寸就会。）我们老是去看电影。小津、黑泽明、戈达尔、布列松、雷诺阿——这些名字在我的脑海里一个个都与她的名字联系在一起。是与她一起，我才第一次感觉到坐在靠近银幕的位置看电影是一件多么更令人激动的事情。因为她的缘故，我现在仍然总坐在影院的前排，我仍然排斥在电视上看电影，还有，我也从不租电影录像带或DVD看。

在健在的美国作家中，除了哈德威克，她钦佩唐纳德·巴塞尔姆、威廉·加斯、伦纳德·迈克尔斯[1]、琼·狄迪恩、格雷丝·佩利[2]。但她不喜欢其他大多数当代美国小说（她抱怨它们往往分属于两种浅薄中的一种：过时、褊狭的现实主义或布卢明代尔的虚无主义），就如她不喜欢大多数当代美国电影一样。在她看来，最近一部最高水准的美国小说是福克纳的《八月之光》（福克纳是她敬重但不喜爱的作家）。当然，菲利普·罗斯与约翰·厄普代克都是优秀作家，但他们写的东西无法激起她的热情。后来，她也感觉不到雷蒙德·卡佛对美国小说的影响有什么令人欢欣鼓舞之处。根本不是因为她反对极简主义，她说，她只是无法对一个"写作方式与他说话的方式一样"的作家感到兴奋。

而令她兴奋的是某些欧洲人的作品，例如伊塔洛·卡尔维诺、博胡米尔·赫拉巴尔、彼得·汉德克、斯坦尼斯瓦夫·莱姆等。除此之外，还有拉丁美洲作家如豪尔赫·路易斯·博尔赫斯和胡里奥·科塔萨尔，他

---

[1] 伦纳德·迈克尔斯（Leonard Michaels, 1933—2003），美国作家。

[2] 格雷丝·佩利（Grace Paley, 1922—2007），美国犹太裔作家、诗人、政治活动家。

们创作的作品比她那些抱负不够远大的美国同人的作品更勇猛、更具独创性。她喜欢将所有极具创造性的体裁或类型糅合的作品描述为科幻小说，与平庸的当代美国现实主义形成对比。她认为，这才是一个作家应该追求的文学作品，也是她追求的，她坚信这样的作品以后依旧会非常重要。

我想不起来有哪本书是她推荐过但我不愿意读的。最后几次见她，其中一次她不停地讲温弗里德·塞巴尔德的《移民》。《移民》后来成为我最喜欢的书之一，塞巴尔德会成为一位重要的有影响的人物——我又是从她那儿第一次听说他。

她让我去看的每一本书我都会去看。但是，说到写作，那就另说了。

我花了好几个星期才鼓足勇气把我的作品拿给她看，尽管她一直在以她特有的方式鼓励着我。（"我都好奇死啦！"）我最后拿给她看的故事根本就算不上是故事，而是弗兰纳里·奥康纳（又一个苏珊不喜欢的美国大作家）所抱怨的新手在"主要关注没有血肉的思想和情感"时所指的那种东西。苏珊立刻看出了问题所在。

"你需要人物间的冲突。"她说。接着,当然,她就得给我解释那是什么意思。

也有一些时候,她警告我叙述不要太直白,她说我应该努力写得更隐晦些,令文风流畅,故事推进更快,一环紧扣一环。("如果现代主义有一样东西能教给我们,那就是速度就是一切。")她告诉我,把夜晚描述成湿热难耐,与把某人描述成拥有一头受人尊敬的灰白头发一样糟糕。

不过,除了这些,我现在几乎记不得有什么我给她看的东西,而她又对此说过什么有益的话了。问题主要在我:我就像我后来要教的许多学生一样。很多年轻作家不想要批评,只想要表扬,多谢您啦。而苏珊也的确表扬了;事实上,她过分宽宏大量了。(那一次,第一次看完我的作品后,她表示,"我非常欣慰。"而且可以看出她确实如此。她曾教授一门写作课,清楚拥有艺术硕士文凭并不意味着你就能写好一个句子。)但是因为我不喜欢她的小说——我在她对语言的运用中,在她的风格中,看不出有什么可钦佩之处——所以我不相信关于写作她有什么可说的。

"其他作家努力在一段中同一个词不用两次。我不喜欢在同一页中同一个词用两次。"这是吹牛——就像她多次说过的"我在意每个逗号"。但是,我觉得,一个更为自信的作家不会对这种事如此处心积虑。一个更为自信的作家不会像她这样对词典那么上瘾。她创作时常常依赖的另一样就是一个伙伴,有个人在她长时间地修改润饰书稿时,和她一起坐在那儿工作。有时,那个人会搬进公寓住上几天,他们俩会在苏珊的房间里一起干活,讨论每一个观点,检查每一行、每一个逗号。我不知道还有哪个作家会这样创作,不过,这种安排显然令苏珊心情大好,她说她和另一个人一起工作时,总比她不得不独自一人干活要开心很多。她讨厌一个人做事情,如果独处是一个作家必须过的生活,只要可能,她就会找到办法来避开。还有,与我所了解的大多数作家不一样,她喜欢将处在不同阶段的作品分发给大家,一稿又一稿给我、戴维以及其他读者看。一次,我开车去她家接她(那个时候我和戴维已经不在一起了),我一到,她就递给我《艾滋病及其隐喻》的草稿。她希望我当场就把一百页全部看完;饭可以等等再吃嘛。

在我的一页手稿上,她在"急忙的"这个词上画了个圈。"想一想。人们真的会急忙吗?或许我们只是这么说而已?难道他们实际上不是更会匆忙?我会把它改成'匆忙的'"。

我没采纳这个建议。

事实上,我拒绝了她的大多数建议,这令她伤心。这一定显得傲慢无礼、不尊重人(现在我也这么认为;而且愚蠢)。她没有忘记。在之后的几年里,她也会要我把我的作品拿给她看,我给她以后,她会不再理会。于是,虽然她还会要,但我不再把我的任何作品给她看了,这样,过了一阵,她也就不再要了。最后一次我给了她些东西(是我后来出版的第一本书开头一章的草稿),几个月过去了,从她那儿我仍然什么反馈也没听到。最后我们一起吃饭,我问她是否看了那一章。"我当然看了,"她抑制着自己说,似乎我冒犯了她,"我马上就看了。"但是,她不会再多说一个字。

我开始向文学杂志投稿,我的小说遭到退稿时,她表现出这仿佛都是我的错。"你急需发表。"她说,那腔调只会让我意志消沉。还有一次,当着好几个人的面,她对我说:"别人都发表他们的垃圾。为什么你不把你的垃圾也发表出来呢?"

多年以后,在一场正要开始的我的作品朗读会上,当得知她也在听众席上时,我的心往下一沉。她不是来听我的作品朗读的(除了顺道,我们快十年没见面了),而是来参加当晚另外两位作家——她的朋友伊丽莎白·哈德威克和达里尔·品克尼[1]——的活动。朗读活动后的招待会上,她毫无表情地对我说了一句:"你读得很好。"

然而,那次作品朗读会后不久,一天,我正坐在史密斯学院我的办公室里,我当时是那儿的客座教授,电话响了。是苏珊。我实在是太惊讶了。她似乎刚刚得知我拿到了那年的罗马奖奖金。"你一定很激动。"她说。其实,一想到从那年秋天开始,我要在罗马美国学院待上一年,我都要激动死了。

"你知道,这个奖他们也给过我一次,"她说(我还真不知道呢),"不过我当时不能接受。我以为他们后来什么时候会再给我一次的,但他们再也没有。"她说

1　达里尔·品克尼(Darryl Pinckney, 1953—),美国非裔作家。

这话的腔调让我咽了口口水。我正考虑说点什么的时候，她问我是否看过《在美国》，她最近才出版的第四部长篇小说。我还没看——或者，该说，我只看过一些节选，在两本不同的文学杂志上看到的。但我只说："还没呢。"我开始说些其他的事情，但她打断了我。"我跟你说，我给你打电话可不是闲聊。我只是打个电话表示祝贺。"然后她急忙，或者说匆忙，挂断电话。

她天生就是个导师……讨厌教书的导师。尽可能少教书，她说。最好一点不教："我看到我同时代最优秀的作家都被教书给毁了。"她说作家的生活与老师的生活永远不协调。她喜欢自称是自己剥夺了自己的老师资格，甚至更为自豪地宣称，她完全由自己创造。她说，我从来没有导师。不过，她肯定从那位她只有 17 岁时就嫁给他的大学老师身上学到些什么。而且她还有其他一些老师，其中有列奥·施特劳斯和肯尼思·伯克，她记忆中他们都是非凡的老师，总是对他们赞不绝口。但是，无论这些人怎么激励她，她自己都不可能成为一名优秀的老师。

和很多其他作家一样,她把教书等同于失败。(在哥大,我上过理查德·耶茨的一门课——他每周来上一次课,总是垂头丧气的样子——我还记得他嘟嘟囔囔抱怨:"诺曼·梅勒就不用教书。")而且,苏珊从来不想成为任何人的雇员。教书最糟糕之处就是,无法逃避的,它是一个职业,而对她而言,接受任何工作都是丢脸的。不过,那个时候,她还认为从图书馆借书而不是自己买一本的想法也是丢脸的。乘公交而不是出租车更加丢脸。"我搬到纽约时,"——1959年,她26岁——"我向自己保证,无论多穷,我都决不会乘公交。"堕落成那样,她那腔调表示。女大牌范儿?她似乎认为任何一个有自尊的人都会理解她的行为并感同身受。

和她一起去任何地方,一到街上,她就立刻大步走到路牙边,招手拦出租车。那个时候,天很冷,她通常穿一件绿色的罗登呢外套。(我现在想起来,妮科尔也有一件相同的。)有一边腋下接缝都裂开了,而她从来都懒得去缝补一下。只在这种时候那个洞才看得到:她招手拦出租车时。

我觉得很奇怪，她生活中的这个部分——她的执教生涯，无论是在我遇到她之前还是之后——她都闭口不提。至于当学生的情况，她谈得很多。事实上，我还从未碰到哪个人如此充满敬意地谈论自己的学生时代。谈论那个时期，她两眼放光，一脸兴奋，这让我觉得，那可能是她最幸福的时光。哈钦斯在芝加哥大学缜密得出了名的名著[1]计划培养了她的思维方式；她获得的学士学位就是芝大的。正是在那里，如果说她没有学会写作，那她也学会了如何细读以及如何批判性地思考。她依然保留着那个时期的课程笔记。而且她后来也一直喜欢买笔记本、钢笔、铅笔、打字纸，还有标准拍纸簿，用来打草稿。

此刻，我想到，她抵触教书，至少部分可能与她爱当学生有关。她一辈子都保持着一个学生的习性与气质。而且，除了身体上，她也一直保持年轻。与她亲近的人常常把她比作一个孩子（她不能一人独处；她从不削弱的好奇心；她强烈的英雄崇拜，还有她需要将那些她尊敬的人当作偶像来崇拜；她40多岁时患了癌症，

1　指《西方名著入门》。

却没有医保,即使那时候医保并不昂贵)。我和戴维曾开玩笑说她是我们"可怕的孩子"。(一次,她正苦思冥想完成一篇文章,认为我们对她的支持不够,很生气,她说:"如果你们不为我做点什么,至少得为西方文化做点什么吧。")我对她的印象永远都是那种学生模样,一个极其用功的学生:整宿熬夜,周围堆满了书籍和论文,开足马力,烟一支接一支抽着,阅读,做笔记,重重地敲击打字机,拼命,求胜心切。她要写出 A+ 的文章。她要名列班级前茅。

甚至是她的公寓——绝对地反中产,毫不掩饰地不舒适[1]——令人想起学生生活。其主要特征就是越来越多的书籍,不过大多是平装本,书架是廉价的松木板做的。与缺少家具相协调的是缺少装饰品,没有窗帘,也没有地毯,厨房里只有最基本的用具。面积约六平方英尺的厨房被一个旧冰箱占着,冰箱坏了好多年了。一把钳子搁在电视机顶上——用来换频道,因为调频道的旋钮已经坏了。初次上门的客人发现这位著名的中年作家居然过着研究生般的生活,显然都非常吃惊。

1　原文为德语:ungemütlich。

（世事变幻。她到 55 岁左右时会说："我意识到我即使不比我认识的所有人更努力，至少也是和他们一样努力，却比他们任何一个人挣的钱都少。"于是，她改变了那部分生活。但我此刻指的是之前——在拥有豪华的切尔西顶层公寓、庞大的藏书室、善本、艺术收藏、由专门设计师设计的服装、乡间别墅、私人助理、管家、私人厨师等等之前。到我们当初相见时，我差不多是她当时那会的年龄，她对我直摇头："你打算干什么呀，像个研究生那样度过你的下半生？"）

每当有大学要聘她，她清楚不应该拒绝，她就会很纠结。但常常，她还是拒绝了，即使她需要钱，然后她会祝贺自己。看到有些人靠写作就能过上比她好很多的生活，却依然受终身教授职位的诱惑，她非常吃惊。其他作家抱怨，很多人都经常这么抱怨，说教书让他们痛苦不堪，因为教书干扰了他们的创作，听到这些，她怒不可遏。通常她轻视那些不干自己真正想干的事情的人。她认定，大多数人，除非他们很穷，否则都可以自己谋生。而对她来说，将生活保障置于自由之上是一种可悲的选择。那是奴性的。

她认为,至少在我们的文化里,人们比他们自己以为的更自由,而且拥有比他们似乎愿意承认的更多的选择。她还认为,旁人如何对你,如果不是完全,也大多是在你的掌控当中的,她总缠着我要获得那种掌控。"别再让人欺负你。"她会这么欺负我。

她说:"我知道你不会相信这件事,但我像你这么大的时候,更像现在的你而不像现在的我。我可以证明这一点!"原来,那天玛丽亚·艾琳·福恩斯要来访。她和苏珊在 1959 年到 1963 年期间是一对儿。艾琳到的时候,苏珊一给我们介绍完,就说:"告诉西格丽德,你第一次见到我时,我是什么样子。讲,讲啊!"

"她是个白痴。"福恩斯说。

苏珊大笑,等她停下来,她对我说:"我想要说的是,你也还有希望。"

※

"你知道真正有趣的是什么吗?我们大家都离开这里去别的什么地方,就去几天。"

她一直喜欢旅行,这一爱好戴维也有,他们已经单独或一起去过很多地方,美国国内或国外。抛开别的不说,旅行还是治疗抑郁的良药。

当时是深秋,苏珊手术后刚刚几个星期,她讨厌寒冷,希望去个暖和的地方。又好玩又温暖,而且还不太远。"你从没去过新奥尔良吧?"没。(这已成了熟悉的对话:"你从没看过《费加罗的婚礼》吧?""你从没吃过寿司吧?""你从没去过纽约电影节吧?"每次我说没,苏珊就会说:"啊,有人要请你客啦。"还果真如此。)她和戴维去过新奥尔良;他们认识那里的人;他们一致认为,那地方是短途旅行完美的目的地。

我们待在法国区,不过,一天,一些朋友带我们去长游了牛轭湖。我记得我们吃得很开心("你从没尝过小龙虾吧?"),我们见到的每个陌生人都要讲一个关于四旬斋前的狂欢节的故事。我还记得一次宴会上,有个帅哥背诵了田纳西·威廉斯的《波旁街的早晨》,还给了我一本《城市的冬天》[1],书中就有那首诗。

帅哥的朋友们邀请我们去另一个聚会,一个大型豪华聚会(我相信是在一家酒店),在我们飞回家的前一夜。我不记得那个聚会是在什么地方,为什么举行了,但很多宾客衣着华丽,很可能是一场化装舞会。在最后一刻,我们去购物,要买我穿的衣服。在一家古着店,我们找到一件非常可爱、一碰就会破的黑蕾丝礼服。一条肩带已经断了。不过,正如我母亲过去常说的那样:"人年轻的时候,穿什么都行。"

我们刚到不久,就有人把我们介绍给一个红脸男子,他一身白色三件套西装,白衬衫、白领带、白帽子,还有白手套。

"桑塔格女士!"他倒吸一口气,"真是荣幸啊。哟,您看上去与化妆后在屏幕上一模一样!我看过您的每一部电影。每一部。哦,今晚小小的新奥尔良能请到这样杰出的大明星真是不胜荣幸!"

---

[1] *In the Winter of Cities*,美国剧作家田纳西·威廉斯的诗集。

他吻我的手时，我红着脸想解释。那男人对苏珊不理不睬，苏珊笑得弯下腰来，拼命跟我做手势，让我继续配合装下去。她根本不想纠正这个滑稽、醉醺醺的家伙。她太开心了。

我后来又去过一次新奥尔良。又逢秋天，我待在法国区，就像我们仨28年前的那个秋天一样。我第二次去是因为一次文学研讨会。我参加专题讨论，议题是"作家与大师"，我说到苏珊，把她当作我的导师之一。第二个月，她去世。那是2004年。就在八个月后，她所热爱的城市遭受严重破坏[1]，如果她知道的话该多么心痛。

我后来再也没穿过那件衣服，但是，我保存了好多年——直到我无法穿上它。那本诗集，当然，我至今保留。

他想念他的朋友。

他想念他失去的伙伴，

……

---

1 指2005年8月卡特里娜飓风在新奥尔良造成的严重破坏。

他为回忆而哭泣。

……

爱。爱。爱。

※

苏珊去世后报刊上发表的那些讣告与报道我大多没看（我对别人说她什么从来兴趣不大），不过，我能猜出很多都会提到她缺乏幽默感，这是她在世时就常为人诟病的。比如，在克雷格·塞利格曼的《桑塔格与凯尔》（2004）一书的索引中，在"桑塔格，苏珊"的条目下，我们会发现"缺乏幽默感"，随后有八页的引证出处。（把这个与"柏拉图主义"相比较：两页引证出处。）对很多人而言，这一缺点似乎对她作为批评家和艺术家都有不利影响。在《纽约客》的一篇文章里，戴维·登比指出她开始拍电影时,她的"缺乏幽默……对她产生了不良影响",而且暗示,尽管她对拍电影充满激情而且思维敏锐,但她自己的一次次尝试都"结局凄惨",这点是部分缘由。而且,如果她确实有幽默感,菲利普·洛佩特[1](《关于桑塔格的札记》,2009)得出结论,那它"在字里行间鲜有呈现"。

确实,阅读桑塔格不会常让你笑。(然而,颇值一提的是,她的作品入选2001年出版的《凶猛的睡衣:〈纽约客〉幽默文选》。)还有,在公开场合,她给人留下的印象常常是不仅缺乏幽默感,而且还脾气很坏。尤其是在问答环节,莫明其妙地易怒——我简直是被一群白痴包围着是她双眼发出的信息——一下子就能冒犯她。(这个问题,按她所言,十分平常:与欧洲读者相比,美国读者粗俗无知,他们的问题通常毫无意义。)不过,我还是从未完全搞懂,为什么她的这一面会招来议论纷纷。

毫无疑问,个中原因与她出了名的极度较真有关。不管你是谁,你都不能太把自己当回事;太较真的人就

---

[1] 菲利普·洛佩特(Phillip Lopate, 1943—),美国作家、影评家。

会显得滑稽，甚至不合时宜——这是常有的事，却与苏珊无关。她确实要把自己当回事，谁要反对就该挨骂，她的问题是别人不会永远把她当回事。当时，至少她老是抱怨，某个人的意见对她很重要（似乎总是某个男人），但他对她没有表现出得体的尊重。有时她所遭受的不敬，连我都感到十分吃惊。"桑塔格小姐，你为什么要拍这么一部乏味的电影呢？"在放映《食人者二重奏》时，一个年轻人这么提问，一半的观众窃笑，表示赞同。"你能否用25个，或更少些的字，告诉我们那个故事讲的究竟是什么？"是因为她是个女的，所以人们觉得他们就能这么对她说话？

有一次，在一个作家研讨会上，苏珊发完言后，听众席上一个女人推开旁人走上前发问："你认识让-保罗·萨特吗？""嗯，"苏珊说，"我见过他。我不会说我认识他。怎么了？"那女人的嘴唇激动地抽搐着。"因为我听说你是他的情妇。"接着，她失控地抓住苏珊的一只胳膊，身体凑过去，说："这可是恭维话啊。"

"这都是什么呀？"这也是我想知道的。"什么恭维呀？难道他现在不已经是个糟老头了？"人人皆知萨特毫无魅力,而且他其实已经72岁,比苏珊大28岁(而且还几乎矮一英尺)。

"事情的真相是,"她干巴巴地告诉我,"一个聪明的女人必须有一个更聪明的男人。"

当然,聪明、有才华、很成功并不一定让你有安全感。就在她写完她那篇可能最受称赞的短篇小说《我们现在的生活方式》后,我碰巧见到了她。

"我写得很快,"她说,"就这一次,我马上清楚这是篇好东西。因为通常,你知道,我对自己写的一切的第一感觉是:胡说八道。"

这种缺乏安全感与性别有多大关系,不大可能说清楚。但想一想这样一个骄傲、才智上雄心勃勃的人在妇女解放运动兴起前就已成年,想一想她照例肯定遭遇过的种种偏见,你就能想象得出那肯定是多么令人恼火啊。(对那些她稍一露脸就立马将她打压下去的人列个不完整的名单,他们有:诺曼·波德霍雷茨[1]、玛

---

1 诺曼·波德霍雷茨(Norman Podhoretz, 1930—),美国作家、评论家,美国新保守主义的领袖人物。

丽·麦卡锡、威廉·巴克利、詹姆斯·迪基[1]、菲利普·拉夫[2]、约翰·西蒙和欧文·豪。)

还有一方面她也没有安全感。当她为自己一次次的妥协——例如,她答应接受《人物》杂志的采访,或者即使是在公开指责电视是"西方文明的终结"后又同意上电视——而感到焦虑时,她就会说:"贝克特就不会这么做。"她过去常说这句话。像贝克特或卡夫卡或西蒙娜·韦伊这样的人——他们的严肃令她尊崇——是她一生的标杆。也许,她理想地希望做到不仅仅严肃,而且"纯真",就像他们一样。

可是,极其自然地,她也想卖书。不得已而为之呀,想一想她对教书的感受。并不只是教书令她憎恨,还有几乎任何安排好的任务,比如客座作家,她同意接受的一个带薪活。往往,她将这些访问变成令所有人失望的经历。她通常会毫无准备,或根本不准备地应付过去,这对她完全不是惭愧的理由。"我不作一稿数用的演

---

[1] 詹姆斯·迪基(James Dickey, 1923—1997),美国作家、诗人。
[2] 菲利普·拉夫(Philip Rahv, 1908—1973),美国评论家、编辑,《党派评论》创刊人之一。

讲。"她通常会这么说,意思是作那样的演讲根本不应该是一个作家引以为豪的事情。她自己会即兴演讲——产生各种各样的效果。此外,就像在其他公开场合一样,她常会对观众不友好,几乎就好像,怪得很,她觉得他们就不该到场。当然,她给人留下的印象是,撇开钱不谈,她认为她是在浪费自己的时间。不知怎么,在这些场合,即使听众大多是学生,她那好为人师的激情却弃她而去了。总的说来,这似乎是她对这个世界愤愤不平的一部分。当然,在一个公平、明智的社会,不会指望一个拥有贡献之物的人去做这种乏味之事。她应该在家,创作那部她认定她能够企及的杰作。那些邀请她的人最后与她一样不欢而散。她得到一个自大、不考虑别人的怪物的名声,但是,世道就是这样,邀请接踵而至,她也一个接一个接受,于是,她的名声也就越来越坏。

大多数人可能宁可被说成普普通通,也不愿被说成缺乏幽默感,可我怀疑苏珊是个例外。首先,她讨厌其他人身上缺乏幽默感;对那些能让她大笑的人,她给予极高的评价。这是她最喜欢她朋友唐纳德·巴塞尔姆的地方之一，也是她儿子不在时她最想念他的一点。尽管她可能有些乖戾，但她从来就不是一个真正的脾气坏的人。她总有一大群朋友和熟人，虽然她还有很多面会吸引其他人，但是一个真正缺乏幽默感的人——不管她多么才华横溢、大名鼎鼎，或有影响力——能有这么多人急切地想与她为伴吗？（而且，我可能不对啊，但我相信一个女人比一个男人更有可能因为缺乏幽默感而遭人指责：一个缺乏幽默感的男子不像一个缺乏幽默感的女子那样有令人生厌的一面。而且，我们也不应该忘记，女权主义者在定义上就是缺乏幽默的，不是吗？记得"需要多少个女权主义者才能换一个灯泡"这句话吗？）

她很容易就会大笑——她对幽默也不是个势利眼；一点点的幽默她都会欣赏。有人跟她讲据说是弗洛伊德最喜欢的笑话："你洗过澡了吗？""没呢，怎么啦？少掉一个浴缸了吗？"[1] 她听了大笑。她会笑某个人就一个有名的翻译者的名字所作的双关语——喜欢克尔凯郭

---

[1] "take a bath"（洗澡）如果按字面意思就是：拿走了一个浴缸。所以，此处才问"少掉一个浴缸了吗？"。

尔你就轰[1]——我模仿《啄木鸟伍迪》[2]时她也大笑。为了保持激情去分享所有令她开心的事,她急切地把她听到的所有有趣的事重述给我们听。但讲笑话、讲故事不是她的长项,她对此表示遗憾。如果她知道一件趣事,而戴维也知道,那她会坚持由他来讲,因为"他讲得比我有趣"。对他身上不可否认的出色的喜剧天赋,她说:"这一点他不是从我这儿遗传的。"

"我只知道一个笑话,"她说,"而且我讲得也很糟糕。是个犹太人的笑话,当然。"于是她就试着带着意第绪语口音讲了起来。一个母亲。一个神经质的孩子。"大夫,大夫,我该怎么办?每次我的小男孩见到三角馄饨,他就开始尖叫。"搞笑之处需要苏珊扮那个母亲,两手紧紧抱头,极度恐惧的表情,尖叫:"啊啊啊!三角馄馄馄馄馄饨!"这一直是我见过的最有趣的事之一。

---

[1] 此处原文是"Hong if you like Kierkegaard"。这里的双关体现在 hong 与 honk("按喇叭")发音相似之处。美国人常喜欢在车窗上贴"Honk if you like the Yankees"或"Honk if you like Obama"等标签,其他车里的人看到了,就按喇叭。

[2] 《啄木鸟伍迪》(*Woody Woodpecker*,1952),一部动画片。

还记得一件事。她走进厨房,和我一起在长餐桌边坐下,说:"我刚刚接了一个非常有趣的电话。一个家伙说他在为媚登峰公司做调查,问我愿不愿意花上一分钟回答几个问题。于是我说当然。然后他开始问,比如,我此刻是不是穿着胸罩,是什么样的胸罩,多大号的……"

"你是说一个色情骚扰电话。"

她看上去迷惑不解,然后有点困窘。"可以这么说。"

文末注释:除了她的一头头发,她给人们留下印象最深的特征就是她那开怀、动听的笑。

✸

最近,当我听到哈维尔·马利亚斯[1]说一个作家所能做的最糟糕的事就是太把自己或自己的作品当回事,我想我能理解。我甚至同意他的观点。如果我年轻时就这样想,我的生活会更开心。我甚至可能成为一个更优秀的作家。然而,我很感激能有某个人作为我早年的榜样,她对作家的天职持崇高、绝非儿戏的态度。("而且你必须视其为一项天职。绝不是一种职业。")

在弗吉尼亚·伍尔夫的一生中,文学似乎是一种宗教,而她是它的一个牧师。苏珊让我想到托马斯·卡莱尔老套的夸张法:作为英雄的作家。没有比这更高尚的追求,更崇高的冒险,更值得的探索了。她和伍尔夫一样崇拜书籍,一样认为永无止境的阅读是件极为愉快的事。(不过她肯定会反对伍尔夫的观点,认为文学作品中存在"女人的句子"这种事;她甚至不会承认世间存在女人的叙述视角这种东西。)

1　哈维尔·马利亚斯(Javier Marías,1951—),西班牙作家。

她说:"不要理会那些作家,他们声称你不可能既是一个严肃的作家,同时又是一个如饥似渴的读者。"(我回想起两个这样的作家,他们是 V. S. 奈保尔和诺曼·梅勒。)毕竟,重要的是精神生活,要让这部分生活充分尽兴,阅读是必需的。一日一书的目标并不是很高(不过我自己无法企及)。因为她,我开始快速阅读。

因为她,我开始在我得到的每一本新书上写上我的名字。我开始从报刊上剪文章,然后将它们分门别类,存放到各种书里。和她一样,我阅读时手里总是拿支铅笔(从来不会是钢笔),用来画下划线。

从哈德威克教授身上——虽然她有时也鼓励人——我总有种感觉,如果我全身心投入作家的生活,那么我会发现更多的不幸而不是心满意足。我师从她后,多年来,每次我们交谈,我都注意到她几乎总是先问我的爱情生活,然后才问我的写作:"你和那个不错的小伙子还在一起吗?"(早就不在一起了,可我还是回答是的,只是为了避免听她叹息抱怨:"别告诉我你又失去一个。")一次,已经好几年没见她了,我告诉她我在考虑生个孩子,她的反应深深感动了我:"啊,这才是你永远也不会后悔的一个决定。"深深地感动,也深深地不安,因为我那句话背后似乎隐藏着谎言。(我从未有过孩子,我承认,当我读到伍尔夫在生命的尽头认定,什么书不书,名不名,没有孩子意味着她的人生最终一定会被判定为失败,这一刻,我觉得被背叛了。)哈德威克过去常常对她在巴纳德学院的学生说,成为一个作家,你的生活真的会索然无味的。不知何故,我认定她觉得对男性而言就不是这样了。

另一方面,与苏珊一起,我觉得自己似乎被获准投身于这两项使命——阅读与写作——而常常很难证明它们合理。但清楚的是,无论多难,多么令人沮丧,多么令人畏缩——无论写一本书可能多么像是一次长时间的受罚——她都不会另作选择;除了她已拥有的生活,她不想要任何别样的人生。

"作家的标准再高也不为过。"

"决不要担心痴迷。我喜欢痴迷的人。痴迷的人成就大艺术。"

她也喜欢不为社会所接纳的人。把她看成是一个不为社会所接纳的人,这让她很开心。

仅仅因为你生为美国人并不意味着你就不能培养出一个欧洲人的思维。

看上一架子的书就为研究一篇20页的随笔,花数月时间写了再写,用完整整一令打字纸,才说那20页的文章写好了——对严肃的作家而言,这当然正常。当然,你这样做并不是为了让自己感觉好。("我对自己写的一切的第一感觉是:胡说八道。")你做这件事不是为了自己开心(这与阅读不一样),不是为了宣泄,不是为了自我表达,也不是为了取悦某些特定的读者。你是为了文学而为之,她说。对你所做之事永不满意没什么不对。(其实,如果你不经常受到自我怀疑的折磨,那你的作品可能就是胡说八道。)

"你得问自己的问题是,你在写的东西是必要的吗。"对此我以前不知道。必要?我以前认为,那就是作家的障碍。

因为她,我会抵制将打字机换成文字处理机。"你要慢下来,而不是加速。你最不应该想的是使写作更容易些。"还有一件她不愿改变的事是将唱片换成CD。她对新发明和电动装置持怀疑态度。低技术的生活方式是她引以为豪的一点。

但是,她认为自己在一个方面是个坏榜样,那就是她的工作习惯。她说,她没有自律能力。她没法强制自己每天都写,每个人都知道这是最好的方式。但是,并不是缺乏自律能力(或她有时责备自己的那种懒惰),而是她除了写作之外还渴望做许许多多其他事情。她经常旅行,而且每晚都想出去——对我来说,关于她的去世,所有说法中最恰当的是哈德威克所言:"最终,想到她一个个夜晚不再亲临'即兴现场'、舞会、歌剧院、电影院,不禁令人黯然神伤。"

林肯中心。在我的余生中,我想,当我听到管弦乐响起,看到剧场的枝形吊灯升上天花板,我不可能不想起她。

为了让自己工作,她不得不腾出大块时间,这期间别的什么也不干。她会服用右旋苯异丙胺,昼夜不停连续工作,一步也不离开公寓,很少离开她的书桌。我们就伴着她的打字声入睡,伴着她的打字声醒来。虽然她常说,她希望能以一种不这么自我毁灭的方式工作,但她相信只有数小时的全力以赴后,你的思维才会真正开始运作，你才能有最佳的想法产生。

她过去常说，如果没有成为作家的话，那她就会成为医生。当然，她拥有那种必需的耐力。但我认为，当医生所需的那种特别的自律能力和对常规的服从不是她能做得到的。

她说一个作家永远也不应该在意评论，无论好评还是恶评。"事实上，你将看到，好评常常会比恶评还让你感觉糟糕。"另外，她说，人就是绵羊。如果一个人说什么是好的，下一个人就会说是好的，就这么传下去了。"如果我说什么是好的，大家都会跟着说是好的。"到了一定程度，人们甚至看都不看作品；他们只是根据别人对此所述就得出自己的结论。

但有些时候，她的某本书被指派给某个人写书评时，她会对此人非常不满，因为她认为这个人根本就不够聪明，不够格来写她。

她说过，太在乎别人喜不喜欢你是错误的。在某些场合遭到鄙视，或被某些人瞧不起，这可能是一种高度的赞美。

她说:"别害怕偷东西。我一直从其他作家那儿偷东西。"而且她还能指出为数不少的作家从她这儿偷。

她说:"当心强迫隔离。抵抗那种认为自己是个女作家的压力。"(最近,当我走进一家书店,看到她的书在"庆祝妇女历史月"的横幅下摆满了书架,我赶紧避开。就是她,阿娜伊斯·宁[1],以及佐拉·尼尔·赫斯顿[2]的书。)

她说:"抵制把自己看作受害者的诱惑。"(她无法忍受那些连自己都照顾不了的柔弱的人;那些毫无防御的人激起了她的攻击性。)她相信女人被培养成了(性)受虐狂,这也是女人不得不反抗的一件事情。虽然她把自己看成与大多数女人完全不一样,但她也强烈谴责她从自己身上看到的(性)受虐狂倾向。"比如我追求那些不喜欢我的人的荒诞做法。"(荒诞是她爱用的又一个词。)

---

[1] 阿娜伊斯·宁(Anaïs Nin, 1903—1977),法裔美国女作家、精神分析学家。
[2] 佐拉·尼尔·赫斯顿(Zora Neale Hurston, 1891—1960),美国黑人女作家。

✸

在我还没有亲眼所见之前,我就听说苏珊的公寓是个出了名的临时住所。(让·热内踏上她家台阶,第一句话就是:"你有鸡蛋吗?"她证实确有其事,还告诉我另一件事:"他总是疑神疑鬼,怕被人认出。他害怕警察在抓他,因为他与黑豹党交往。我一再对他说这儿没人会认出他来,随后,我们第一次离开大楼,街对面一男子走过来问:'你是让·热内吧?'")我知道,苏珊在纽约的一些朋友因为不知道怎么安排外地来访的熟人,有时就会把那个人送到她那儿去,尤其当对方是个年轻人时。我住在340号的时候,就经常有人睡在那张单人床上,那床从原来女佣的房间(现在是我的书房)搬到了客厅一角。

那时候,部分是因为苏珊受到高度关注并大受欢迎的几篇论摄影的随笔文章,部分是因为她就罹患癌症的直言不讳,她达到了她声誉的第二次高潮(第一次巅峰,当然是在60年代,随着她的第一批批评文章的发表,最为著名的是《关于"坎普"的札记》)。电话铃整天响，苏珊不愿意用自动应答或其他装置。与苏珊这种极度亢奋的人生活在一起，已经像与一群人生活在一起了，可是还有源源不断一拨接一拨的客人来访。苏珊喜欢外出，但她也喜欢人——包括那些她第一次见面的人——到她家来。比如，她的大多数采访都是在她家进行的。我似乎永远在为陌生人开门，或者回到家永远看到有人在厨房等她（有时要等上一个小时），厨房是家里最小的一个房间，但她就是喜欢在那儿接待客人。她还喜欢让那些要与她一起外出的人来家里接她，根本不管他们要去的地方是在城市的另一头。

当然，戴维已经习惯他母亲这种忙忙碌碌、人来人往的生活。正如她喜欢说的那样，他从小就是个"拖尾巴"，意思是把他带到东拖到西参加聚会、"即兴剧"，还有其他一些活动；她不想因为她带着个小孩子就错过这些。（她也会把他带到电影院，让他在座位上睡觉，而她看那种两部连放的电影场。）事实上，虽然与苏珊比起来，他有更强烈的隐私意识，但和她一样，如果太安静，他就会觉得无聊，就会焦躁不安。他也拥有她身上的那种精力,也许他在某种程度上没有她那么喜欢社交,但他比我爱交际多了,娘胎里我就注定了长大会是这样一种人:百分之九十的时间会是独自度过。

我从来就不是一个想做很多事情的人;我总是只想做好一件事。苏珊则相反,她禁不住把我这种方式视为一种失败,即使这也是很多艺术家的方式,包括大多数舞蹈家——她爱慕的一种艺术家。(她可能听过巴兰钦[1]的故事,有一次某个人想带他去一个博物馆而未果。"我已经去过一家博物馆了。"据说巴先生这么说。)她和戴维两个人对我身上这种苦行僧的特征很不赞赏;在他们眼里,这显示出一种缺乏活力和好奇心——对一个准作家而言非常糟糕!对戴维而言,这是某种缺陷,如果纵容这个缺陷,就会使我变得乏味。苏珊相信,隐居类型的人本质上都是冷淡而且自私的。我应该改变。

我也的确试着改变。有一阵子,我非常努力地想跟上他们。毕竟,我也并不是不喜欢外出。而且,见到很多苏珊认识的才华横溢的作家和艺术家,我当然也激

---

[1] 乔治·巴兰钦(George Balanchine,1904—1983),美籍俄裔芭蕾舞导演、舞蹈动作设计者。

动。(苏珊:"当我还是个小学生时,我记得人们会指着某张书桌说,'那就是赛德·查里斯[1]坐过的!'于是我也激动起来。而现在,我的天哪,我把多少事情都当作理所当然呀。")我现在回想起来,其中几次最美好的时光是去罗杰·斯特劳斯和多萝西娅·斯特劳斯的乡村别墅,他们俩非常友好。(听说苏珊和戴维给他们自己买了网球拍——打算跟一位碰巧也是我们邻居的专业人士学习——罗杰离开房间,回来时拿着他自己的一个球拍。"给你,亲爱的。"我一次也没用过这拍子,但是,就像那条黑色蕾丝裙一样,我保留了多年。)

当然,我想去54俱乐部。("你从未见过安迪·沃霍尔吧?")

可是,当你在恋爱中,你在这个世上最想要的东西是什么呢?回顾过去,我几乎想不起有什么时候戴维和我能单独在一起。有一两次,我和他到他在普林斯顿租的(但很少用的)房间去过夜,我现在还记得我当时伤心地希望我们能一直在那儿。

我搬进340号后不久,又开始在《纽约书评》工作

---

[1] 赛德·查里斯(Cyd Charisse,1922—2008),美国女演员、舞蹈家。

了。工作时间，我是罗伯特·西尔维斯的三个助手之一（考虑到苏珊作为《书评》撰稿人的关系、她与编辑们的友情，以及她对那儿发生的一切的狂热兴趣，我的工作生活与家庭生活之间的界限相当模糊），下班后，大多数情况下，我最不想干的事情就是出去——尤其是去某个吵吵闹闹、灯红酒绿、人多拥挤的地方。（当我厌烦了别人的指责，说我不像他们俩，没有更多地出去，不想看更多的东西，做更多的事，我就会使出也许是我最有力的杀手锏还击："贝克特就不会这么做。"）

苏珊那时常说，对她而言，如果她知道公寓里还有别人在，那她在她的房间里工作起来就自在许多。但是，我似乎只有当公寓里空无一人时才能工作。

有一段时间，我试着很早就起床，将自己锁在书房里。可是，只要苏珊一醒，就会敲门叫我和她一起去厨房。（她尽可能少睡；你根本无法让她相信，无意识的思维活动是有意义的；睡眠，就像童年，是浪费时间。）她无法忍受早晨独自一人喝咖啡或者看报纸。事实上，刚下床时，她尤其需要一个听众。她会喋喋不休地谈论她脑子里想到的所有事情，而且因为某种缘由，那个时间她常常因愤慨而心神不宁。生活中的某件事令她烦恼,又或者是《纽约时报》头版上的什么消息让她发作。每当这个时候,她都很大程度上让我想起我的德国母亲——又一个动辄生气、惯会大叫大嚷的人,认为自己周围都是些白痴,她简直就生活在一种愤慨的状态中,碰巧她也与苏珊一样蔑视美国的浅薄和美国"文化"。

戴维发现早晨的这个苏珊很难缠。他会坐在厨房长餐桌边,转过身去,专心看报,脸被他长长的黑发挡住。

她就是无法忍受独自一人。在许许多多她一直想做的事情当中,没有一件她会选择全由她一个人来做。在她看来,没有什么感受能在独自体验后得到加强。对她而言,不得不在无人陪伴的情况下做某些事情,比如说,吃一顿饭,就像是一种惩罚。她宁可出去与一个她并不很喜欢的人一起吃饭,也不愿意一个人在家吃。

"你会注意到,"有一次她对我说,"我总在做什么事。如果我刚才没在与你谈话,那我就在看书。"她总是设法确保她脑子里是想着事情的。她说,如果没有事情分散她的注意力,她的大脑就一片空白,她把它比作电视频道停播节目时屏幕上的那种静止状态。她当时对我这么说，我也知道她就是那样。我现在还记得她的话。从那以后，我经常想起这些话，但我仍然无法相信。一个空白的屏幕……难道就什么都没有投射上去？没有白日梦，没有幻想，没有沉思或回忆，没有关于进行中的作品、关于人生、关于家人、关于她打算去做的事情等等的思考——根本就没有思考？这怎么可能呢？

不，我不理解。不过，这无疑有助于解释她饕餮的需求：疯狂的活动，从不断档的陪伴。这也有助于解释她为什么不喜欢乡村，以及为什么让她结束一天的工作要比别人难得多。那个空白屏幕，她说得很清楚，是个非常可怕的东西。这也解释了为什么，尽管她好奇心强烈，尽管她渴望新的，甚至是冒险的体验（"我想做一切。"她16岁时在日记上写道），尽管她热衷于反主流文化，但她避开了致幻药。

当我看到戴维对苏珊最后一次与癌症较量的描写，死亡的想法令她极度痛苦和恐惧，她几近发疯，这时，我又想到了那个空白屏幕。

她在外面与朋友们度过一个个夜晚，这还不够。回到家,尽管天色已晚,尽管我和戴维可能已经上床睡觉,她还是会敲门。"我能进来吗?"好吧,我们料到她会来。(她羞怯的声音透过紧闭的门传进来,令人心碎。)我和戴维睡在地板上的床垫上。边上有个小沙发。她会坐在沙发上,点上一支烟,开始对我们讲她当天晚上所有的事情。有时,她还在讲,我就睡着了。

四期乳腺癌、与妮科尔分手——直到那个时候,她的一生中,可能从未有哪个时候,像她此时这么害怕孤独。她毫不掩饰,如果戴维搬出去住,她会多么伤心。甚至我连想一下希望的事情,都不可能不感到自己的自私和残酷。在我们俩最后一次就此话题交谈时,戴维说:"我觉得我受不了那种内疚感的折磨。"

一点也不令人惊讶,她很会自我辩解。她宣称主要并不是因为需要而是爱才让她希望和儿子永远在一起。她说,他们之间不是普通意义上的母子关系。事实上,她曾对我说过,她从未真正希望戴维把她当母亲看待。"我宁愿他把我视为——哦,我不知道怎么说——他的傻大姐。"("更像是我弟弟"以及"我最好的朋友"

是她通常对他的看法。）毕竟，他出生时她只有 19 岁。（这一直令我迷惑不解：强调他们年龄间的"接近"，似乎过去那个时候很多其他女人没在差不多这个年龄生孩子一样——比如，我自己的母亲，更年轻时就生孩子了；似乎苏珊和戴维差不多属于同一代人。）她生养了他。他们如此相像，在某些方面几乎一模一样，大多数的口味一样，有同样的兴趣爱好，有同样的激情。

她给我看过一张她很喜欢的照片，年轻的罗兰·巴特和他母亲：那时已是相当大的一个孩子了，被妈妈抱在怀里，高高地杵在那儿，看上去有点儿滑稽，两条长长的腿荡在下面。罗兰·巴特——苏珊心中最伟大的文学大师之一，我也十分崇敬——一直与母亲生活在一起，直到她去世。

我们仨同住在一个屋檐下没什么不对。其实，在其他文化中——比如，在俄国（"约瑟夫，那有什么不对吗？"）——像我们这种安排很常见。

那么请告诉她，传统的核心家庭有什么好可怕的呢？难道她未曾公开称这为"一场灾难"？（她还经常指责成双成对：当你分别见他们时，无论哪一个或两个都有趣,但当你见到他们在一起时,他们总是很无聊。)

别那么循规蹈矩。(实情是,我在一个非传统的家庭氛围中长大,我承认,通常的中产阶级生活方式,对我而言,不仅诱人,而且明显奇特。)

别人说什么有什么要紧呢?

她是对的:我不应该在乎别人说什么。但我真的在乎,而且他们说的话让我震惊。人们总会很自在地跟我说那些从来不敢跟她说的话。

有关340号的绯闻,吊起了极度兴奋的、淫秽的好奇者的胃口;这件事我本来就知道。在我遇到苏珊或戴维之前,我就听说过这些闲言碎语。现在人们会直接开口发问:这是真的吗?他们在一起有过性行为?有时,不是被别人问,而是别人告诉我:他们在一起肯定有过性行为。我在这个家里的出现似乎加剧了这种猜测,简直炸开了锅。(当然,这与苏珊双性恋的事实是极其相关的。)那儿都发生了什么事呀?一天晚上,当时我已经搬了出去,不过我与戴维还没有分手,我们和纽约大学的一个教授一起吃饭,戴维那时刚和他成为朋友。

席间，这位先生转向他说："你和西格丽德和苏珊一起睡觉？"戴维说："什么？"他只是把这个问题语速慢一点重说了一遍，就仿佛是在对一个外国人或一个白痴说话。

所有其他关于苏珊的闲言碎语又怎么样呢？是真的吗？她真的像大家所说的是一个怪物吗？我总是惊讶于人们对苏珊的恶语相加，也从未能搞明白她自己对此知道多少。（她从未跟我提过是否知道她与儿子乱伦的谣言流传有多广——而且人们还信以为真。）1982年，在支持波兰团结工会的曼哈顿市政厅集会上，她公开指责共产主义本质上是法西斯主义的变种。这次集会后，她遭到了强烈的抨击，这令她感到震惊。"我从来不知道我居然有这么多敌人。"可是在我看来，有时，她的敌人似乎比我所认识的任何人的敌人都要多。而且，正如有权有势的圈子里常常发生的那样，甚至她的一些朋友也是她的敌人。

苏珊曾被告知，《纽约客》的某个编辑发誓说，只要他在那儿工作，她就休想在上面发表小说。我不知道这是不是真的，不过听上去似乎是真的：她是会激起这种感觉的。(1977年,《纽约客》发表了她的短篇小说《没有向导的旅行》,她开心得忘乎所以,就如同这是她平生第一次发表东西一样。)

她把对她在市政厅露面的恶意回应主要归因于嫉妒,我也不知道她这么认为对不对。不过我的确知道,嫉妒——严重的、激昂的、恶意的嫉妒——她走到哪儿就跟到哪儿。(不过市政厅集会这个场合她后悔没做更充分的准备;如果她在发言稿上花更多的时间,那么她就会找到一种不那么刺激人的表达方式。)

那儿都发生了什么事呀?

我记得一个朋友大笑着说:"人人都想象那最骇人听闻的一幕幕好戏,而其实,你们得知的情况就是典型的占有欲极强、控制欲极强的母亲和充满负疚感的儿子。"

苏珊很想谈论她与戴维的过去,但我发现她很难做到,那过去充满了冲突与愤恨。她会列举她为戴维做过的所有的事,脸涨得通红,嗓门也提高了。她有这种母亲吗?我有这种母亲吗?将她自己与她认识的其他父母相比较时,她常常将他们愿意给予孩子大量的独立自主误认为缺乏关爱。(她经常批评别人带孩子的方式,事实上,我想不起她曾经夸过哪个父亲或母亲。)

可是,尽管她对自己这个母亲十分自豪,尽管她对自己未能有更多的孩子深表遗憾,她却没有一点点母性。事实上,我发现几乎不可能去想象她看护、照顾一个婴儿或一个小孩。想象她挖沟渠或跳霹雳舞或挤牛奶对我来说还更容易些。从一开始知道怀孕,到分娩那天,她从未去看过医生。"我不知道要去呀。"

她有无穷无尽的好奇心,至少一天看一本书,却没看过一本关于怀孕或育儿方面的书。她喜欢讲一件事,一次,一帮年轻妈妈来到她身边,对她带孩子表示担心,暗示她需要指导。她说,她们不是爱管闲事的人,只是守旧的50年代妇女,思想传统,认为一个正经女人、妻子,以及母亲应该怎么怎么样。我问她,她们是否让她觉得内疚,她斩钉截铁地回答不。她从未对自己这样当母亲表示过一点点内疚。"一点儿也不。"

她还讲过这么一件事:"每个人都警告我说,戴维生下来后,我就睡不到好觉了。不过他们错啦。他从来不吵醒我。从我把他从医院抱回家的那天起,他都是整夜睡觉的。"显然，这是她记忆中的事。显然，她不知道这不可能是真的。

还有这件事："我在写《恩主》最后几页时，已经几天不吃不睡不换衣服，到最后，我都无法停下来点烟。我就让戴维站在旁边，在我不停地打字时，他帮我把烟点上。"她在写《恩主》最后几页时，是1962年，戴维10岁。

她就不是个妈妈。偶尔，她注意到戴维的眼镜很脏，就会从他脸上拽下眼镜，到厨房的水池边洗。我记得当时想，这怎么会是唯一一件我看到她做过的显示母性的事情呢。而且我还注意到，她和孩子们在一起时——比如，斯特劳斯的三个小孙女——她根本不注意她们。

认识苏珊多年的人、看着戴维长大的人都说，他们不信她会放他走。他们说，这与癌症无关；她决不会允许另外一个人成为她儿子生命中最重要的人。她自己说过，因为他们之间关系的深厚、复杂，"我和戴维总需要有个第三者在场"。她不太喜欢女朋友这个词；她更喜欢朋友，不过她有时很开心地把我说成戴维的配偶。

她把我们仨说成是河滨大道的公爵、公爵夫人和小鸭子。我知道这样不好。无论戴维想干什么有趣的事，她都想与他一起干——网球课，摩托车课；这也无济于事。虽然她一直对我说，她会很开心地不仅仅供养我和戴维，还有我们的孩子；她还说，不论什么时候，只要戴维一当父亲，他这辈子就毁了。

"你们俩为什么不采取69式呢？那样你们就不用担心避孕了。"苏珊说这话那天，午饭桌上还有第四者在场，是他打破了沉默："看来苏珊不想当奶奶哦。"

对我来说，这是非常苦恼、困惑与受约束的一段时间——这段时间我与其他人隔绝，包括我的家人和朋友。虽然我几乎没有私密或独处的时候，但我觉得我以一种前所未有的方式与世隔绝了。我学会了谨慎对待那些希望利用我接近苏珊的人。（"哦，请带上你母亲"，这是戴维长大成人的过程中受邀去各种地方时已经习惯听到的一句话。）太艰难了，身处所有那些文学名流当中——在家、上班时都是——设法找到自己的方向，真是太难了。要设法捍卫自己未发表的、业余写就的书稿，宣称时间对自己的重要，也太压抑了。我试着与苏珊谈，说她不应该在我试着写作时打扰我，不应该没完没了地叫我帮她做事情，比如我在办公室时，她让我帮她订购书，长长的书单上的书都是她要买回家的，她会答应改。她也可能改了——短暂地改了，随后她几乎马上就故态复萌。

※

她试着劝我别去作家聚居地。她说，那样会对我和戴维的关系不利。我和他在一起不到一年；我们俩就要分开整整一个月，这太快了。可是我知道，我离开至少会让戴维轻松一些；我们一直在吵，他已经讨厌看到我哭了。（苏珊的又一条忠告：如果你哭一次，人们会为你感到难过。可是如果你天天哭，他们就会觉得你是个累赘。）她还担心，如果我走，我可能会遇到别的人。

她认为我是个不可救药的浪荡女。她还说我是一个戏弄男人的人——她不是指责我,而是向我吐露心声:"我自己就一直被人这么说。"

当结局对我不理想时,她觉得自己得到了证明。难道她没有努力劝我,跑到荒郊野外不可能有助于我的写作?尽管我天天写,可只写成可怜的一点点,而且一点点都不好。最后我把这些稿子都扔了。

等我回到城里,春天来了。那年初夏,执教于伯克利的伦纳德·迈克尔斯在操办一个作家研讨会。他曾邀请苏珊加盟。虽然很高兴能有个理由去加州,可一如往常,她不愿意一个人去。她本可以轻轻松松就和她的一个朋友一起去的,伊丽莎白·哈德威克、唐纳德·巴塞尔姆或西奥多·索罗塔洛夫都行,他们也全都应邀去参加为期一周的研讨会。但她想带戴维一起去——可为什么不也带上他的同伴呢("你从未去过加州吧?")。伯克利那帮人还真不错,他们同意多安排一个房间。然后,我们决定将此行变成一次度假,等苏珊在研讨会的事务一完成,我们会再待一个星期。

我想去。我以前从未去过西海岸。我很激动，想着第一次看到伯克利和旧金山，我还想着租一辆车，往南开上两天到大瑟尔。旅行的这个部分不在苏珊计划当中；她已经去过大瑟尔了，这是其一，而且她对自然景观不感兴趣，无论多么优美——她宁可一小时又一小时坐在太平洋电影资料馆[1]，一部接一部地观看给她放映的电影。这对我和戴维是绝好的机会，能一起走开单独做点什么；这是我对这趟旅行最向往的部分。

可是到了那天，苏珊决定她也去大瑟尔。并不是因为她又想看一看大瑟尔，而是她无法忍受被留下。她并不会独自一人呀；从我们到的那天起，她就被人们围着，包括她住在沿海的各种各样的朋友，所有人都渴望陪着她。其实，她已经和他们其中一人约了第二天见面，那人答应带她去唐人街最好的餐馆吃午餐。这就意味着我们的旅行得中断。"那又怎样？终点不重要，"她说，"重要的是驾车旅行，不是吗？"我一点也不为我那次旅行中的表现而自豪。她后来的行为甚至更令我抓狂和痛苦：一周结束时，我得独自一人飞回家，而他们俩一起继续

---

[1] 在加州大学伯克利分校。

前行,去夏威夷看苏珊的父母。

她开口前深深地吸了一口气。"戴维告诉我说你要搬出去住,而且是因为我。"我们身处所有这一切开始的地方:她的房间,我坐在她的办公椅上,她坐在床上。"我很抱歉,"她说,清了清嗓子,辅音发得很重,她希望听上去依然淡定时就会这样,"但是,我不能承担这个责任。"

对此,我真的无语。

"这不公平,"她固执地说,"如果他因为你搬出去而不原谅我,那怎么办?"

她说:"亲爱的,这事你考虑不周。你们这一对从同居到分居,这可不成。这很荒唐。你在犯大错。"

如果我们俩分手,我只能怪自己。

真希望她不是做不到一个人过。真希望她和妮科尔的关系能够挽救。真希望她有一半时间住在雉街[1]。真希望约瑟夫想过要当她的男人。真希望她没有得癌症。

无论怎样,我们还是会分手。无疑,我们本可以

1　rue de la Faisanderie。

在一起更久一些。但是,最终,事情不会有好结果。即使苏珊搬到月球上生活,我和戴维也不会有好结果。这一点我早就知道了。我想不通的是在我搬出去后,我们的关系怎么还能够摇摆不定又维持了一年半。

有好几个月,我们大部分时间继续在340号度过,而不是在沙利文大街我租的那个装修了一半、暖气和热水都不能保证的鞋盒式楼[1]里度过的。那阵子,情况确实有所改观——就是说,我们相处得好一些了。我不开心,但我平静些了。我不再在《纽约书评》工作,不过干的还是类似的工作,给一家德国小出版社的编辑当助手,地点是在新近命名的三角地[2]一个时髦而新奇的顶楼上。而且我也开始动笔写小说了。后来只是节选发表在一本小杂志上,哈德威克很不屑:"每一个字都是糟糕的,不值得写。"可是,它才有几章长的时候,就让我有了一个文学经纪人,而且还引起了几个编辑的关注。

1　努涅斯说是指一居室的公寓房。
2　在纽约曼哈顿运河街以南,名称来自:Tri(angle)Be(low)Ca(nal)(street)。

我突然想到。那次伯克利研讨会。苏珊。哈德威克。伦纳德·迈克尔斯。唐纳德·巴塞尔姆。西奥多·索罗塔洛夫。他们全都死了。这本回忆录中的大多数人都死了。

就在我搬走后,有人给我写了封匿名信,开头就是"祝贺",然后说我做了一件勇敢、聪明,也许还是救命的事。这当然是想表示支持。但我完完全全知道为什么是匿名的,它的全部作用就是激怒我。(多年以后,苏珊的一个朋友回忆这事时说:"当然,从你搬进去和他们一起住的那天起,我们所有人都只是惊恐地旁观。"这时,我感到同样愤怒。)

1978 年苏珊迎来了她长期以来担心的事情:房子租期满了。被迫离开住了近十年的家令她情绪低落。她甚至因此做噩梦,其中一个梦境是,她发现自己要住在一个没有屋顶的房子里。"可是下雨怎么办呢?"她不停地问梦中的房东。(诡异的是,几年后,她在国王街租了套公寓,一场火烧掉了部分屋顶。)接下来住的两套公寓她都不完全满意,虽然两套都很好;我也说不出为什么。直到她又给自己找了一套顶层公寓,她才又真正开心起来,这一套在切尔西,就像在河滨大道的公寓里一样,她能一览哈得孙河风景。

她最后的家。

对戴维和苏珊而言,数月寻找新公寓是一段艰难的时光,两人有时甚至相互都不说话。我和戴维的关系也日益糟糕,尤其是我已经开始与别人约会了。("我理解你为什么这么做,可是你到底为什么要告诉他呢?"这就是苏珊被这事激怒后的反应。她根本无法理解。)实际上,在我的记忆中,1978年是我一生中最凄凉、最沮丧的一年。苏珊最后签约租下东17街一套复式公寓。时值春天,可那天反常地热;他们搬进去时我在场,不过从那以后我就不常去了。我都不记得曾在那儿过过夜,虽然我知道我肯定过过。我和戴维见面开始越来越少,在接下来那个冬天的某一天,我们吵了最后一架。

当我打包搬出340号时,苏珊对我说我可以带走任何想带走的东西。我拿走了我从戴维的衣帽间最里边发现的两个玩具：一个"破烂娃娃"安迪[1]和一个缺了一只眼睛的棕色小熊。(数年后，一个采访者说戴维抱怨他的童年不幸福，苏珊听了大笑不已，说她记得他的房间里满是玩具，而且声称："我现在还有他的泰迪熊呢。")

※

与戴维分手后的那些年，我与苏珊的交往比我和他的还要多，不过都没什么大不了的。那段时间，她常常情绪低落。戴维不听她的劝阻，从普林斯顿毕业后，接受了罗杰·斯特劳斯提供的工作。(在苏珊眼里，当个编辑对戴维来说是屈才了；她也坚信他有能力写出杰作，

1　Raggedy Andy，一种玩具品牌。

而且他应该由她继续供养,他好全身心投入写作之中。)然而,令她生气的是,最终他搬出去自己住了。那时每次我见到她,她总是抱怨一个人孤单,觉得遭到嫌弃,被抛弃了。有时她还哭。她非常明白她这辈子做的一切事情,首先是为了赢得戴维的爱与尊重。仿佛他是父母,而她是孩子。

她说到在接受心理治疗——大大出乎我的意料,因为我记得她曾经是多么鄙视那些采取心理治疗,或更为糟糕,服用抗抑郁药的人啊。在她认识的人当中,她似乎最敬佩那些不管多么不幸,都不接受心理治疗的人。这种对沮丧的典型反应是克己苦行,虽然对瓦尔特·本雅明这样的天才人物身上的忧郁气质(她认为她自己也有这种气质)她可能会欣赏,但对普通人的情绪她几乎毫无耐心。除非你面临她所谓的真正的问题——比如,有生命危险的疾病——如果你沮丧,你最好别在她面前表现出来。对自杀者,她也没多少同情心。她告诉过我,每一次自杀的念头闪过,她就听到内心一个声音在说:"他们不会抓到我的。"听了她的话,我十分震惊。("他们"是谁?我想知道。)

可是，50岁刚过，她自己因长期患病引起的易怒与不满情绪越来越厉害。她发现自己起床不久就又爬回到床上，她的记忆力和注意力有时也很糟糕，她说："我真的以为我可能得过小中风。"她咨询了一位神经科医生，医生纠正她说：不是中风，你只是典型的中年抑郁的症状。她开始去看精神病专家；有一阵子，她甚至服用盐酸阿米替林[1]。现在，心理疗法成了她热衷的一件事。她详细地叙述她的问诊情况，讲她把什么告诉了治疗师，治疗师又对她讲了什么——其中包括苏珊的一个困惑：她被一群自恋者包围着，她无法理解他们，因为她自己不自恋。（"那么你呢？"她急切地问我，"你是个自恋者吗？"）

"你为什么要试图把你儿子变成父亲？"

苏珊说，一开始她听到这话，很震惊。她不知道治疗师是从哪儿得出这个结论的！可接下来，她回过神来，她说：她确实试图这么做来着。然后我们俩都开始哭了起来。

我现在还记得，我们从新奥尔良回家的路上，我

---

[1] 一种抗抑郁药。

俩等着戴维去取行李。机场人很多。他去了很长时间，我们俩都有点着急，不过，最后我们看到他了，仍然有段距离，但因为他个子很高，很容易就看到了。苏珊说这对她一直是莫大的安慰：身处某地，在等他，最后一眼看到了他，"这个长颈鹿一跳一跳地向你走过来"。

除了个儿高，他还有另外两个特征，她觉得这两个特征在男人和女人身上都很有魅力：低沉的嗓音和大大的头。

她称自己是个忧郁症患者，可是就折磨着她的东西而言，这个词太苍白无力，太消极了。她不是法语 un triste[1] 所表达的含义。她的忧伤充满着暴怒。她的反应是乱踢乱叫。他们不会抓到她！当她对这个世界感到不满时，她就猛烈抨击；她想伤害什么人。在她亲密的小圈子里，她一直有一个替罪羊，或男或女，而且，她会攻击、攻击、再攻击。

除了她认为重要的那些人，或者那些令她恐惧的人，她常常吓唬或批评她的朋友。她为自己的行为辩解，

1　意为"一个抑郁寡欢的人"。

说她相信"当着人的面就有一说一",或者"纠正"他们,仿佛这是个真理问题。人们需要被告知。可是她说的时候凶巴巴的,而且常常还有旁人在场。事实上,边上有人,她往往才来劲儿呢。这种情况最糟的时候,我会马上想象出一幅画面:一个喝着一杯杯猪血的女孩儿。有些人表示,如果你勇敢地与她对抗,如果你龇牙咧嘴朝她咆哮来反击她,她就会退缩了。

但是,她也会对陌生人发脾气。那次我们去费城,她与一个酒店接待员吵了起来。他一时慌乱,口误说:"桑塔格先生……"

"我不是桑塔格先生,"她火了,"你只要抬起头看我一眼,就能看出来。"

戴维解释说,虽然这类行为并非全都是最近才出现,但自从患了癌症后,情况更严重了,就是说她似乎不能忍受这些冲突。不过,如果这些冲突让她释放情绪,那也可能让人在公共场合与她相处十分困难。如果她严厉斥责的是那些真正做了什么不可原谅的事的人,这也能理解,可情况并不是这样。一个接待员或侍者只不过没有主动热情地来招待她,或不过是一时疏忽犯了错,于是她的反应就仿佛是被大大地冒犯了。她的目的不是仅仅表达一下自己的不快,而是要羞辱那个人。她会开口说:"我知道你可能认为你做这工作是委屈了……"

她是个受虐狂,同时也是施虐狂。

当苏珊的治疗师暗示她患癌症时一定"非常生气",又因为她的家毁于一场意外的火灾而再次生气时,苏珊的反应是真正的困惑。"我说,但那不是毫无理性吗?就像,我被认为因——什么呢?一种事态而生气?"但是普通服务员在她内心激起的愤怒正是毫无理性的。其中有太多的憎恨。有时候,我禁不住纳闷,对一个你甚至都不认识的人那么憎恨,这怎么可能呢?有时,她会提出特别的要求——例如,要换菜单上的一道菜——当被告知换不了时,她会说:"别激动!我只是问问而已。"她总是在叫别人别激动,一种轻蔑、刻薄的语调。

在饭店,我发现她的行为完全是莽撞的。难道她从未听说过侍者的报复?

住在国王街时,她开始经常光顾苏荷区的一家咖啡店,最后,人家要求她别再去。

她经常提到她多爱道歉。"道完歉后我总是感觉好极了。"可是我从未听到她为自己的一次发作道过歉或表示过一丁点儿懊悔。她似乎认为她有权呵斥别人,而且动不动就发飙不是个困扰人的缺点,而是她的一个长处。

她很愤慨自己被别人认为是个怪物,不过,提到竞争对手时,她很喜欢引用她成长的那个年代很流行的一种说法:"就像把一个婴儿放进了有乔·路易斯[1]的拳击场。"(她就是乔·路易斯。)

不过,我过去常常想,一个像她这样行事的男人可能早就从其他男人那里学会一两件事关尊重的事情了。

虽然她充满激情,她对美、对享乐的欲望强烈,她出了名的贪心,她追求令人羡慕的丰富人生的步伐不屈不挠,可她还是要了命的不满足,她的焦躁不安再怎么多的旅行也治愈不了。而且,虽然她的成就不可否认,所有的荣誉都是辛劳得来,人们对她的称赞也受之无愧,但失败感就像是寡妇的黑色丧服一样缠着她。早期,这

---

[1] 乔·路易斯(Joe Louis,1914—1981),美国拳击运动员。

与她的小说的接受状况息息相关。这总让她烦恼，人们的反应就仿佛她写小说是某种事后的想法，嘿，这时她的处女作出来了，是本小说。那本书甚至尚未完稿就被一个一流的出版商抢过去了；她很有理由认为，作为一名小说家，她走上了成功之路。多亏了随笔写作极高的天赋，事情才进展顺利，极其顺利；可是，这方面的成功并不能满足她的梦想。

到我遇到苏珊的时候，她的两部小说已为人遗忘，甚至很多她的粉丝都不知道它们的存在。我自己就曾以为《反对阐释》是她的处女作（一个广泛而持久的谬见，最近又重现于她自己的出版商在她去世后出版的两本书的作者简介中）。

25年后她才得以出版另一部小说（虽然她动笔写过好几部），不过，她从未停笔，一直在创作短篇小说。虽然她的大多数短篇小说都会发表，但是，很难不怀疑其中一些是因为她的名声而非作品本身优秀才得到认可。因为，一篇小说发表时，那反响绝对不如她发表一篇随笔时通常会受到的那种热情的赞扬。（当她转向拍电影时，反响甚至会更为冷淡。）

那些她欣赏并力挺其作品的小说家并没有反过来欣赏她的作品,这让她很受伤。事实上,似乎没有人力挺她的小说,甚至她的朋友中也没有。她已经听惯了别人说只要她在本已非常出色的领域坚持下去,就会更加出色(在一些人看来,也许比任何人都出色)。这让她(或者,更准确地说,她让自己)处在力挺自己的位置上。她永远都在为她的小说辩护,努力获得人们对她的小说的关注,强迫那些不欣赏她的小说的人接受。一个尴尬而令人气馁的位置。不管是私下还是公开,一次又一次,她宣称,不管别人会怎么说,她都是个小说家,只是偶尔写了一些随笔,而不是相反。没人买她这个账是她一生中最受挫的事之一。但她没有放弃。此外,她相信,别人怎么对待你,很大一部分是在你自己的掌控之中的。如果她一如既往表现出自己首先是个小说家,那么,人们就会开始把她当小说家看待。

这种固执的行为是她多次作品朗读会结局不佳的一个原因。读者感到失望,而且他们也表现出来。在一些场合,人们到场是因为他们被告知苏珊将朗读一篇随笔中的内容,或谈论某个话题。然而,一点前兆也没有,她会拿出一本小说。她的小说都比较长。当然,她意识到——她无法不意识到——她的听众不满。那么,她怎么还能这么做——而且一次又一次这么做——对我而言这仍然是关于她的谜一样的诸多事情中的其中一件。这不合情理。这是你的作品:纵然你无法让他们大笑或流泪,那为什么要让他们恼怒呢?

重大转机出现了。《纽约客》开始发表她的小说,包括她1986年那篇备受称赞的关于艾滋病的小说《我们现在的生活方式》,这篇小说后来被约翰·厄普代克选编收入《世纪美国最佳短篇小说集》(1999年)。《火山情人》既是畅销书,又在评论界大获成功。小说《在美国》获得了美国国家图书奖。人们大跌眼镜。我听说美国国家图书奖颁奖典礼后,她忍不住哭了。

她开始戏称自己——也不完全是戏言——是大器晚成。但是,最终,正如她清清楚楚知道,她文学上的声名继续主要还是靠其最优秀的随笔,而那些是很久以前写的。

真希望她没有等这么久;真希望她更早就能遂愿。她年纪越大,越后悔没有把绝大部分精力用在艺术作品上，而是用到了评论文章上——正如她后悔，强烈的道义感迫使她在公共事业上花了太多的时间。她应该更像一个艺术家而非评论家，更多的是一个作家而非活动家：那才是她应该过的生活方式。而现在她也看到，任由自己痴迷旅行也严重干扰了写作。

不，她对自己人生的作品不满意。她未能达到她年轻时为自己设定的一个个目标。真正的伟大离她而去。她就像伍尔夫笔下的拉姆齐先生，取得一些成就（Q），梦想着出类拔萃（Z）。[1]

但是，这不全是她的过错。"我失去了十年时间。"她常说。她是指她开始发表作品前的那十年。如果不是因为结婚、生子，她当然会更早就能发表作品。（这有点难以理解，因为，那个时候大部分时间，戴维都不是她在照顾，她很多时间都是一个人过。）不过，她也谈起某一本书：《弗洛伊德：道德家之心灵》，菲利普·里夫1959年出版的第一本书。虽然她的名字没有出现在

---

[1] 这里包含了不同水准的成就，取得某些成就好比处于英语26个字母表中的 Q，出类拔萃则达到了顶峰 Z。

封面上，但她完全是个合著者，她一直这么说。事实上，她有时还不只这么说，她声称整本书都是她一个人写的，"每一个字"。我把这看成是她夸大其词的又一个例子。

（这一夸大其词的习惯似乎也影响了那些写她的人。因为她法语说得很好，她被说成能说"多种"语言，能读托马斯·曼和本雅明的原著，可实际上，她不懂德语。其实，语言并不是她众多主要爱好中的一项，她总说，如果她没有在法国生活那么长时间，她可能都不会说法语。因为她酷爱看电影，她就被说成"一星期中几乎每天"都要去看电影，而且，因为她总设法坐在前面，就被说她总是坐在"第三排中间的座位"——就好像在苏珊一年几百天去看电影的日子里，至少有一些日子她最喜欢的座位没有被人占了。她还被说是15岁而非事实上的16岁就上大学了，等等。）

在那段"失去了的十年"中，她当然表示包括与菲利普离婚、和戴维一起搬到纽约、拒绝赡养费以及孩子抚养费，她得养活自己和戴维——大多靠教书——全靠她自己。（不过，事实上，正是在这段时间，她写了《恩主》。）正如她所说的，过了一段"服刑"般的生活——她的童年——她又被迫服了两次刑：她与菲利普的婚姻生活，以及戴维的童年时期。

她的处女作出版后一年，《关于"坎普"的札记》在《党派评论》的发表令她名声鹊起。又过了一年左右的时间，她就全世界有名了。这对一个刚刚 30 出头的女人而言很不错。然而，这让她觉得丢脸！毕竟，她 18 岁就拿到了学士学位。30 岁才出版第一部小说就算不说明你懒惰，但也不能就此认为早慧呀。她一直就以为她自己早慧。一听到某个文学或知识神童的传说，激起了她好争的心气儿，她就会提起那失去的十年时间。如果她能够早些登上文坛，她就会被视为真正的神童，会比现在引起更大的轰动。我不知道她是否一直对此耿耿于怀，但我认识她的时候，她显然觉得自己深受其害。

当我悲叹"我 25 了，还一事无成"时，她对我说，我伤透了她的心。

她觉得她在其他方面也深受其害。名声是其一；金钱，则是又一件事。一生中大部分时间，她觉得，她的作品都没有得到应有的回报。她过了50岁才获得真正的经济保障。然而，其他很多作家和艺术家，包括她自己圈子里的一些人，他们的作品给他们挣了钱。她的朋友和熟人当中很多人都很有钱，冷不防，她周围就出现超级富翁，也许这不是空想出来的。有时，她似乎被比她富有得多的人所围绕：拥有自己公寓的人（与现在相比，那时这种情况少见多了）；有佣人的人；收藏名作的人；旅行时总坐头等舱的人。几乎毫无例外，这些人是无法像她一样宣称为文化和社会做出了有价值的贡献的，这令她愤慨。就在她与一个经纪人签约之前的一阵子，当她为房租发愁时——这时已是她在340号时付的四五倍了——她向她的一个出身豪门的朋友抱怨，朋友建议她考虑搬出城去住，这激怒了她。这个时候，如果她能获得麦克阿瑟奖，那就会有很大的帮助（她最终在1990年如愿）。可是，一年又一年，她看着自己不被理会：九年痛苦不堪的挫败失落。

随着她年纪越来越大，让她接受只为了钱而必须做什么事是越来越困难了。早年，她瞧不起那些有经纪人的作家，瞧不起作家所做的大型巡回宣传，他们清清楚楚地知道他们的书卖出了多少本，令她反感的是，他们庸俗地关心能得到多少预付款——就像她早年时相信，一个严肃的作家会鄙视金钱的奖励以及愚蠢的奖项。贝克特——

可是现在她看到，如果当初她自己稍微关心一下金钱，她就省得没完没了地去写计件的文章，去干那么多工作，还要去抛头露面，这些占了她多少时间啊。这成了她又一件后悔的事。她本该早一点听从那些人的劝告，他们一直劝她要改变理念、选对经纪人，这样，她也能成为百万富翁。

其他失败也折磨着她。我以前认为她很幸运，在一些情形下，与前恋人数十年时间都能保持朋友关系，这证明她很好。可是就其爱情生活而言，她沮丧极了。还有她与戴维之间的关系，她一直称他为"我唯一的家人"。他们很多时候争执不下，两人之间的关系很多时候都紧张、敌对、疏远，这令她多么痛苦啊。

当时我们还住在一起，一次，她推心置腹地向我倾诉；我现在还记得当时想，任何一个无意中听到这些倾诉的人都会打心底里认为，眼前这个可怜、凄苦的人儿：孤单寂寞、没人怜爱、遭人误解。我现在还记得当时想，听到这些倾诉的人永远也猜不到，事实上，面前这个人总被一大群人围绕，他们关心她，他们重视、尊敬她，小范围的一些人还经常帮助她，在这一群人当中，有一个忠实的群体，无论发生什么事，都会一直伴她左右；而且，如果她不愿意，她就绝不会独自度过她人生中的任何一天。

甚至那些素昧平生的人都给苏珊寄来支票，帮她支付医药费来治疗癌症。

我们在通电话，可能是约个时间见一面。她越来越愠怒，越来越不耐烦。"什么？"我说。"你现在不想见面啊？"深深的一声叹息。"不，我当然想。但不是像这样。不是像两个社交场上的女士安排一起喝茶。我们过去生活在一起的！"（言下之意：我打电话，因为我需要有个人现在和我在一起。别跟我说他妈的下周二。现在就来，我现在就需要一个人。）

还有一次，她打来电话，因为她遇到一件麻烦事，与她公寓最近的那场火灾有关。简单寒暄几句后，我说：

"你希望我过来帮忙吗?""是的,当然,可是难道你看不出来?不是我请求你帮忙,是你,作为一个朋友,要主动提出。"(我确实主动提出了,但不够快。)她已经决定要雇用一个助手,想听听我的建议。当我提议一个我们俩都认识的年轻女子,她顿时就炸了:"我不希望是个孩子!我不是在找打字员!我需要的人要了解我,了解我的工作,了解我关心的事情。哦,算了。显然,你不了解这对我有多重要。这个问题跟你讲不清楚,因为你不存在这个问题,而且你永远也不会存在。"

她痛苦。她愤慨。她对这个世界感到愤怒。一个想伤害别人的乔·路易斯。

她这样又让我想起我母亲:别人说她就是这种人,你永远说不过她。

不过,说实话,我常常对她一言不发,如果说有什么能让她发疯,这就是。

❄

写这本书期间，我有两次梦到了她。第一个梦里，我们在芭蕾舞剧院。在中场休息时遇见了。她一直生着病。她的头发短、稀疏、干枯，红红的。"嗯，"她问道，"你混进去了吗？"她是指芭蕾舞团。"比如，"她说，"那个舞蹈演员有多高？"于是我告诉她。"不，不，"她说，"他至少有 20 英尺高。"我对她说那不可能。没有舞蹈演员有 20 英尺高。听了这话，她激动起来，说："我现在怎么能相信你？"

第二个梦里，我独自一人待在她的房子里。她不在，我答应帮她临时看房子。我在那儿的时候，两个陌生人——一对名为帕特·特赖布、迈克·特赖布的夫妻——到了。他们来接管这幢房子。他们彬彬有礼但态度坚决，尽管我努力了，但还是无法阻止他们。

她怎么能相信我呢？我不知道如何恰当地混迹其中，而且我允许特赖布夫妇侵占了她的家。

就好像早期，在她早熟的岁月里，她习惯了是一群人中年纪最小的，在她后来的岁月里，情况则相反。这是因为，她年龄越大，越喜欢与比她年龄小、往往还小很多的人交朋友和来往。还因为她想去的地方、想做的事情通常都和年轻人联系在一起。在一个房间里她的年纪最大，这并不让她难为情；甚至似乎她都没有——像大多数人可能会的那样——感觉到老。因为年纪的原因她可能不适合出现在什么地方，这种想法她绝对不会有——就像她可能会是电灯泡[1]这种想法一样。

我现在还记得，1978年8月，在麦迪逊广场花园的布鲁斯·斯普林斯汀[2]音乐会上，我感到自己一个27岁的人在一帮尖叫着、一脸稚气的孩子中间是多么不合适啊。我现在还记得苏珊在我眼里有多么奇怪，放眼望去她的年龄最大，凌乱的灰白头发无比醒目，绝对吸引眼球。但是，她自己是否注意到了这一点，根本看不出来。我再次认为，她的行为与她一心要补偿她觉得被偷走的青春有很大的关系。

---

[1] 原文为法语：de trop。
[2] 布鲁斯·斯普林斯汀（Bruce Springsteen，1949— ），美国摇滚乐巨星。

任何事她都想做。她必须做每一件事。可有时候（比如在斯普林斯汀音乐会上），她的热情似乎是矫揉造作的。她常常让我觉得，她想要感受十倍于实际感受到的。十倍的幸福，或十倍的悲哀，或十倍的受刺激，不管是什么吸引了她的注意力。（这会不会就是，至少一定程度上就是她渴望看那么多电影和演出的本质？重复给她带来愉悦的每一次体验——难以置信地看那么多次。从来都不够：多么残酷的生活准则啊。）

有时候，她痴迷的好奇心，这一她自认为是自己最大的优点，似乎几近窥阴癖了：不是优点。

她那么纽约化。在她的热心拥护中，在她的精力与抱负中，在她的能干和一切都能打败的精神中，在她孩子气的天性中——还有她相信自己是个例外以及她意志坚强，相信自我创造，相信重生的可能性，相信永无止境的新机会和拥有一切的可能性——她也是我所知道的最美国化的人。

"啊,我们到啦,"她说,挤在约瑟夫边上,"甚至尚未到中年,就得了排名前两名的要人命的病。"

谈话转到了娜杰日达·曼德施塔姆对斯大林统治下的生活的回忆录《一线希望》,在书中,她把那地狱般的生活比作日常家庭生活的痛苦与折磨:"面对这样普通的心碎,我们还有什么不能舍弃!"约瑟夫耸耸肩,不为所动。"相信我,她也经历了许多。"然后,沉思片刻后说,"你知道,最终,你生命中发生的一切都无关紧要。无所谓折不折磨。无所谓幸不幸福。无所谓生不生病。无所谓进不进监狱。什么都无所谓。"这才是欧化。

她喜欢那种有身体接触的人、那种喜欢触摸与被触摸的人,喜欢话多、坦率、容易打开心扉畅谈的人——她有时称之为犹太人的行事方式。她还喜欢用表示喜爱的言辞;她自己常常用"宝贝"和"亲爱的"这种称呼。而且,正如她经常当面批评人一样,她也很会赞美人。她一向恭维人、吹捧人。她会滔滔不绝地谈论一个人——如果正好有一群人在场,她就大声谈论——而那个人就站在边上，面带微笑或满脸通红。把你介绍给某个名人时，她会恭维你说："你们俩已经见过了吧？"

她也许没把你看成是与她平起平坐的人——她认为很少有人能与她同起同坐——不过，那并不意味着她不想听你的人生故事。她并不总要成为关注的焦点。她喜欢说话，但是她也喜欢让别人说话，说得越详细越私密越好。她说，经常会有人告诉她一些他们声称之前从未告诉过别人的事。这可真是有趣，因为大家都知道她放不住话，守不住秘密，正如她承认的那样，没法对得起别人的信任。

那个微不足道的习惯——像她许多别的习惯一样，被我们很多人效仿——动身旅行前最后花几分钟时间，在书架上找一本她还没看过的书，带着上路。

她去过那么多地方，以至于我去的每一个地方，她都先我到过那里。

戴维把她葬在巴黎。和贝克特同一个公墓。

我见她醉过一次。那是个意外。我们约好了在第六大道南面一家小餐馆的酒吧见面,然后一起去参加电影论坛活动。就在见我前她有个事要去处理,在那儿,她违背了她的习惯,喝了酒:一杯玛格丽塔。她到酒吧时已经醉了。接着她又喝了一杯玛格丽塔,而且喝得飞快;去电影院的路上我不得不扶稳她。不过,我可以说,她醉得已经不知道自己醉了。

那是一部奇特的电影,一部德国纪录片,关于高速公路的修筑。几乎电影一开场,苏珊就睡着了。间或,她会醒过来看一会儿,然后又睡了过去。没关系:她梦到了她自己的电影。灯亮起的时候,她转过来对我说:"非常棒,不是吗?"

※

还在哥大读研时,我选了一门课,是爱德华·萨义德的当代英国文学。每次我提到他,苏珊都会取笑:"听上去就像你迷恋上了他一样。"(虽然苏珊和萨义德有可能在这个时间段见过面,但他们没有成为朋友。)事实确实如此。很多学生深深地迷恋才华横溢、英俊潇洒、年轻的萨义德教授。

接着,不知怎么——我记不清细节了,只记得与我无关——萨义德教授要来拜访!

我从未搞懂那天发生的事情。我记得我们四个人在客厅,那儿只有一张坐得舒服的椅子。我记得萨义德坐在那张椅子上,外套没脱,他还带了把伞,他就把伞放在椅子边的地板上。从头到尾,他不停地俯下身伸手把伞拿起来,然后又随即放下。

我记得我什么也没说,戴维什么也没说,虽然苏珊尽可能让他讲话,萨义德也没讲多少。他穿着外套坐在那儿,紧张地玩着那把伞,没说多少话,等到他真正开口时,也是咕咕哝哝含含糊糊。他坐在那张舒服的椅子上,整个公寓里唯一一张舒服的椅子,看上去却不舒服,如坐针毡,拿起伞又放下,苏珊说什么他都点头,不过,显然心不在焉,不是真在听。当时谈论的东西,我现在能回忆起的只是谁谁谁还在哥大任教、谁谁谁已不在了,那也是苏珊数年前教过书的地方。整个逗留期间,虽然时间不长,但很折磨人,他走的时候,大家都如释重负。

他离开后,苏珊过来找到我。"你没事吧?"我耸了耸肩。"哎,"她说,"我不知道这一切是怎么回事,不过我确实知道你的感觉,我很抱歉。"她在说什么呀?"我知道当你仰慕某个人,然后你却看到了他不讨喜的一面。我知道这很痛苦。"

我们一起又坐了一会儿,抽着烟,说着话。我们过去这样度过了多少时光啊,抽着烟,说着话。对我来说,这是难以理解的:这个我知道的最忙碌、最多产的人,她居然总有时间长谈。

"可是事情就这样发生了,"她说,"你必须对此有准备。"这种事多次在她身上发生过,她说。一旦她开始去见作家和艺术家,这种事就一次又一次发生。"去见这些人我会极度兴奋——我的英雄!我的偶像!"

然而,她会一次又一次地感到失望,或者,甚至觉得遭到背叛。于是,她不再抱任何幻想,最终变得后悔去见那些人,因为现在她再也无法崇拜他们或他们的作品,至少无法做到像原先那么单纯。

她最喜欢的书之一是巴尔扎克的《幻灭》,她坚持认为我必须马上就看。

她最喜欢的电影之一是《东京物语》。"我设法每年去看一遍。"(那时候,如果你生活在曼哈顿,这还是可能的。)

当她得知我不喜欢这部电影,她非常震惊。(我很不好意思地说,第一次看,我觉得小津的大作节奏太慢了。)

"难道你没看懂?你觉得母亲葬礼后那部分怎么样?"——然后她背诵了小女儿与儿媳之间的一场对白。"哦,天哪!"她哽咽着,"难道你不为之动容?"

在她眼里,我一定是个大笨蛋。只是为了照顾到她的感受,我就想要撒谎。可是接着她挥挥手说:"哦,还是因为你太年轻了。再过几年你会再看一遍,那个时候你就会懂了。"自信满满。

事实上,没过几年。而且我也无须再看这部电影。

京子:难道生活不是很令人失望?

纪子:是啊。

译后记

《回忆苏珊·桑塔格》中文版十年前出版过,当时译名为《永远的苏珊:回忆苏珊·桑塔格》。出于种种考虑,我署了笔名阿垚,被上海译文社编辑管舒宁女士笑称为"穿了马甲"。后来我一直希望能有机会"脱掉马甲",换上正装,没想到在2019年快要过去的时候,好消息来了,好·奇文化的负责人华小小女士联系我,他们获得了本书的中文版版权,外方版代的附加要求、当然也是作者的要求,是用我的译文。

我在感到高兴的同时,也被深深地感动了。我因翻译桑塔格而结识了西格丽德·努涅斯,我们经常通过电子邮件讨论桑塔格的作品,交流各自的观点,在我翻译桑塔格的过程中，她给予了很多帮助，分享了她个人对桑塔格及其作品的理解，让我对桑塔格及其作品的了解更加全面、透彻，我的翻译也因此更加顺手。这么多年下来，用她的话说，我们"成了朋友"，所以，当我知道她纪念桑塔格的这本回忆录出版后，便主动联系出版社，推荐了选题。努涅斯也欣然为我的中文版译作专门写了序。之后，我也一直持续关注她的创作，并于2018年底再次推荐选题，把她的最新力作 *The Friend* 译成中文，译名为《我的朋友阿波罗》。《我的朋友阿波罗》荣获了2018年美国国家图书奖，这无疑是对努涅斯的一种肯定。2000年，桑塔格也曾凭借其长篇小说《在美国》荣获美国国家图书奖。一个美国国家图书奖得主撰写的关于另一个美国国家图书奖得主的回忆录，怎么可能不好看呢？！

特别感谢好·奇文化华小小女士，谢谢她买下版权，并促成西格丽德·努涅斯为该书新版撰写中文版序。她们辛勤而成功的努力使我有机会润饰多年前的译文，使之以更好的形象出现在中国读者面前。

于南京仙林

好·奇

《恶 果》
《超立体城市迷宫：走出这本迷宫书》
《关于日本的一切》
《伍尔夫漫步 21 世纪曼哈顿》
《草间弥生：执念、爱情和艺术》
《爱德华·霍普：寂寥的画者》
《自私的人类：人类如何避免自我毁灭》
《30 岁那天，我长出了一条尾巴》
《人造肉：即将改变人类饮食和全球经济的新产业》
《下馆子：一部餐馆全球史》
《回忆苏珊·桑塔格》
《致命地图：席卷全球的重大传染病及流行病》
《未完成的手稿》
《两 度》

······

下一本，更精彩！

好·奇
提供一种眼界

豆瓣 Club：好·奇

图书在版编目（CIP）数据

回忆苏珊·桑塔格 /（美）西格丽德·努涅斯著；姚君伟译 . -- 北京：北京联合出版公司，2022.9
ISBN 978-7-5596-6245-3

Ⅰ.①回… Ⅱ.①西…②姚… Ⅲ.①苏珊·桑塔格—传记 Ⅳ.① K837.125.6

中国版本图书馆 CIP 数据核字 (2022) 第 123396 号

Sempre Susan: A Memoir Of Susan Sontag by Sigrid Nunez
Copyright © 2011 Sigrid Nunez
This edition arranged with The Joy Harris Literary Agency, Inc.
Through Big Apple Agency, Inc., Labuan, Malaysia.
Simplified Chinese translation copyright © 2022 by Beijing Curiosity Culture & Technology Co. Ltd.
ALL RIGHTS RESERVED.

北京市版权局著作权合同登记号：01-2022-2869 号

回忆苏珊·桑塔格

作　　者	[美]西格丽德·努涅斯
译　　者	姚君伟
出 品 人	赵红仕
选题策划	好·奇
策 划 人	华小小
责任编辑	徐　樟
特约编辑	费雅玲
封面装帧	汐和 at compus studio
内页制作	华　大
投稿信箱	curiosityculture18@163.com

北京联合出版公司出版
（北京市西城区德外大街83号楼9层100088）
北京联合天畅文化传播公司发行
天津丰富彩艺印刷有限公司印刷　新华书店经销
字数 80 千字　787 毫米 ×1092 毫米　1/32　4.75 印张
2022 年 9 月第 1 版　2022 年 9 月第 1 次印刷
ISBN　978-7-5596-6245-3
定价：46.00 元

版权所有，侵权必究
未经许可，不得以任何方式复制或抄袭本书部分或全部内容
本书若有质量问题，请与本公司图书销售中心联系调换。电话：（010）64258472-800